즐거운
한국어

국립국어원 기획   이선웅 외 집필

중급
2

真雨 **Hawoo Publishing Inc.**

발간사

우리는 이제 '다문화'라는 말이 더 이상 낯설지 않은 시대에 살고 있습니다. 2018년 12월호 출입국외국인정책 통계월보에 따르면 체류외국인은 2,367,607명인데 이는 2010년보다 2배 가까이 증가한 것입니다. 그런데 주목할 점은 다문화가정의 형태가 여성결혼이민자를 주요 가족 구성원으로 하는 획일적인 모습이 아니라 남성결혼이민자 가정이나 외국인 1인 가정 등으로 다양화되었다는 것입니다. 이에 다문화가정 대상 한국어 교재도 학습 대상자를 여성결혼이민자에 국한하지 않고 다문화가정의 남녀 성인 구성원으로 확대할 필요가 생겼습니다.

이에 국립국어원에서는 2017년 다문화가정 성인을 대상으로 한 한국어 교육 내용을 개발하였고, 2018년 시범 적용을 거쳐 초급 교재 4권, 중급 교재 4권을 출판하게 되었습니다. 교사용 지도서는 별도로 출판하지 않았지만 국립국어원 한국어교수학습샘터에 탑재해 현장 교사들이 무료로 이용할 수 있게 하였습니다.

이번 교재 개발에는 현장 경험이 많은 연구진이 집필자와 검토자로 참여하여 한국어 교육의 전문적 내용을 쉽고 친근하게 구성하였습니다. 특히 현장 시범 적용을 통해 교사와 학생의 의견을 폭넓게 수렴하기 위해 노력하였습니다. 또한 성적, 문화적 차별 요소가 없도록 내용을 구성하였고, 다문화가정 구성원이 이 사회에서 진취적으로 살아가는 모습을 담고자 하였습니다.

아무쪼록 '다문화가정과 함께하는 한국어'가 다문화가정 구성원이 한국어를 '즐겁고, 정확하게' 익힐 수 있는 길잡이가 되기를 바랍니다. 그래서 다문화가정 구성원이 한국 사회에 통합되어 안정적인 생활을 영위하는 데 도움이 될 수 있기를 바랍니다.

끝으로 새로운 교재의 개발을 위해 최선의 노력을 기울여 주신 교재 개발진과 출판사 관계자 분들에게 깊은 감사의 말씀을 드립니다.

2019년 1월
국립국어원장 소강춘

머리말

    교통과 통신의 비약적인 발전에 따라 세계 여러 나라들의 교류가 크게 증가하고 있고, 그와 함께 한국에 정착해 사는 외국인들 역시 크게 늘어나고 있습니다. 한국에 이주해 한국인 배우자와 함께 사는 사람들, 직업 활동을 하면서 한국에 정착해 사는 외국인 부부들이 오랜 기간 동안 한국에 살면서 자녀를 낳아 기르고 있어 한국 사회도 점차 다문화 사회로 이행하고 있는 모습이 뚜렷이 나타나고 있습니다. 이는 한국의 국제적 위상이 점점 높아지고 있음을 간접적으로 보여 주는 바람직한 사회 현상이라고 생각합니다.

    이 책은 이와 같은 시대적 흐름에 발맞추어 국립국어원에서 발주한 사업인 2017년 다문화가정 교재 개발 사업의 결과물로서 다문화가정 구성원들이 한국 문화를 이해하는 바탕 위에서 구어와 문어 영역에서 고른 수준의 한국어를 구사할 수 있도록 구성되었습니다. 또한 날이 갈수록 다문화가정 구성원들의 사회 활동이 늘고 있고 성 평등 의식도 높아져 가고 있으므로, 학습자들이 한국 사회의 일원으로서 확고한 정체성을 지니고 가족생활, 이웃과의 교류, 직업 활동을 포함한 여러 사회생활에서 필요한 한국어를 자연스럽게 구사할 수 있도록 하였습니다. 학습자들이 한국 사회에 대한 적응이라는 수동적 태도에서 나아가 한국 사회를 함께 이끌어 간다는 능동적 태도를 지니고 살아갈 수 있도록 내용을 구성하였습니다.

    이 책은 본래 2008년에 국립국어원에서 발주하여 2010년에 출판된 "결혼 이민자와 함께하는 한국어"의 개정판으로 기획되었으나, 그동안 한국어 교육계에서 발전되어 온 교육 방법론을 최대한 반영하고자 그때의 교재와는 구성 체제를 사뭇 달리하였습니다. 가장 큰 차이점은 성격이 다른 두 권으로 주 교재를 나눈 것입니다. "다문화가정을 위한 즐거운 한국어"는 구어 위주의 과제 활동이 더 많도록 구성하였고 "다문화가정을 위한 정확한 한국어"는 문어 위주의 형태 연습이 더 많도록 구성하였습니다. 곧 "정확한 한국어"는 부교재로 취급받던 기존 워크북의 내용을 더욱 풍부하게 하여 "즐거운 한국어"에 버금가는 주 교재로 집필된 것입니다. 두 책을 유기적으로 연결하여 교수ㆍ학습한다면 유창성과 정확성을 고루 갖출 수 있을 것이라고 생각합니다.

    아무쪼록 모든 다문화가정 구성원들이 이 책으로 한국어와 한국 문화를 열심히 공부하여 한국 사회의 성공적인 일원이 될 수 있기를 기원합니다.

2019년 1월
저자를 대표하여 이선웅 적음.

일러두기

제목 및 삽화

각 과의 제목에서는 해당 과의 내용을 압축하였고 삽화를 통하여 학습할 과제 상황을 추측할 수 있도록 하였다. 따라 하세요 에서는 억양과 발음에 주의를 기울여야 할 표현을 모아 연습할 수 있도록 하였다. 또한 삽화 상황 안에서 접할 수 있는 다양한 생활용품 어휘를 '그림 사전' 형식(참고 어휘)으로 제시하여 학습자들이 생활에서 접하는 어휘를 자연스럽게 접할 수 있도록 하였다.

준비

준비 부분에서는 각 과의 과제를 수행하기 위하여 필요한 문법을 이해하고 연습할 수 있도록 하였다. 또한 교재 주인공들이 등장하는 삽화를 통하여 학습할 문법의 의미와 문법을 사용하는 상황을 쉽게 이해할 수 있도록 하였다. 삽화 옆 부분에서는 문법의 형태 활용표와 예문을 함께 제시하였다. 활용 에서는 학습한 문법을 실제 상황에서 사용해 보는 연습을 할 수 있도록 하였다.

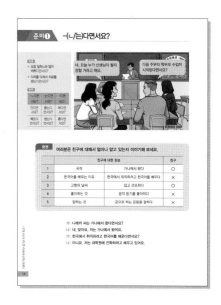

과제

과제 부분에서는 학습한 어휘와 문법을 사용하여 주어진 상황의 과제를 수행해 볼 수 있다. 먼저 동영상을 봅시다 를 통하여 동영상을 보면서 주어진 과제를 이해하고 본문에서 확인해 볼 수 있도록 하였다. 또한 발음 에서는 어려운 발음을 연습해 볼 수 있도록 했으며, 어휘 에서는 과제를 수행하는 데 필요한 어휘를 제시하였다.

대화해 봅시다 에서는 학습한 과제를 다양한 상황에 적용해 연습해 보고 자신의 이야기나 생각으로 바꾸어 말해 볼 수 있도록 하였다. 표현 에서는 과제 수행 시 필요한 다양한 표현을 제시하였으며 학습자의 수준이나 상황에 따라 선택적으로 사용해 볼 수 있도록 하였다. 또한 학습한 과제를 들어 봅시다 / 읽어 봅시다 / 써 봅시다 / 말해 봅시다 를 통하여 말하기, 듣기, 읽기, 쓰기 등 다른 기능으로 확장해 볼 수 있도록 하였다.

도전

도전 부분에서는 각 과의 과제와 관련된 다양한 활동들을 제시함으로써 학습자들의 수준이나 시간에 따라 선택적으로 심화 과제를 수행해 볼 수 있도록 하였다.

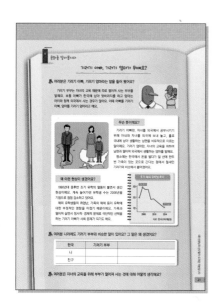

문화

문화를 알아봅시다 부분에서는 각 과의 주제와 관련 있는 문화 내용을 이해하고 이야기해 볼 수 있도록 하였다.

교재 구성표

과	주제	기능	문법		어휘	문화
1	학부모 모임	학부모 회의에서 자기소개하기	-(ㄴ/는)다면서요? -(으)ㄴ 덕분에 ~에 비해서/비하면		학부모 활동	기러기 아빠, 기러기 엄마가 뭐예요?
2	아르바이트	아르바이트에 대한 정보 구하기	-다시피 -든지 ~만 아니면		부업 (아르바이트)	아르바이트는 어떻게 구해요?
3	학부모 상담	아이 선생님과 상담하기	-(ㄴ/는)대요, -내요 -재요, -(으)래요 아무리 -아/어도 얼마나 -(으)ㄴ/는지 모르다		학급 활동 1	우리도 돌봄 교실을 이용할 수 있어요?
4	취업 준비	다문화가족지원센터에서 취업에 대한 정보 구하기	-지 않으면 안 되다 -(으)ㄴ/는 반면(에) -아/어야		취업 준비 1 급여 능력	취업 관련 정보를 알고 싶어요.
5	후회	취업에 실패한 친구 위로하고 조언하기	-(으)ㄹ 테니까 2 -(으)ㄹ걸 그랬다 -았/었더라면		취업 절차와 감정	몰랐어요. 또 해서는 안 되는 것이 있어요?
6	취업	합격 축하하기	-다니 -(으)ㄴ 대로, 대로 -(으)ㄹ 뿐이다		시험 취업 준비 2	선물에 이런 뜻이 있다니!
7	응급실	증상과 치료 방법에 대해 이야기하기	-게 하다 -았/었는데도 -(으)ㄴ 결과		증상과 치료 행위	무료로 119를 이용할 수 있어요?
8	출생 신고/ 복지	주민 센터에서 증명서 발급 받기	~에 따라(서) ~에 대해(서), ~에 대한 -아/어서인지		증빙 서류 국가 복지 혜택	아이 이름은 어떻게 지어요?
	보충·복습		-(ㄴ/는)다거나, -더니, -아/어다가 -나 싶다, -아/어 대다, ~만 같아도			

과	주제	기능	문법		어휘	문화
9	항의	부당한 대우에 대해 항의하기	-잖아요 (이)라도 -는 한	늦게라도 -지 않는 한	고용 문제	표준근로계약서는 작성했어요?
10	갈등	화가 난 일에 대해 불평하기	-(으)려야 -(으)ㄹ 수(가) 없다 -고 말다 -아/어 버리다		감정 1	몸짓 언어는 나라마다 많이 달라요.
11	요리	요리 방법 설명하기	-기 -(으)ㅁ -(ㄴ/는)다		식재료와 조리 행위	한국에서는 이 음식이 유명해요.
12	공개 수업	공개 수업 참석 여부 결정하기	-(ㄴ/는)다고 -(으)ㄹ걸요 -고자		학용품 과목 및 학교 행사	한국은 교육열이 정말 높아요.
13	칭찬	공개 수업 후 아이 칭찬하기	-(는)구나 -(으)ㄴ/는 줄 알다/모르다 ~(이)며 ~(이)며		학급 활동 2 칭찬	아이행복카드를 신청하고 싶어요.
14	동네 행사	지역 행사에 대한 정보 묻기	-(ㄴ/는)다고요? -(으)ㄴ/는 김에 (이)나마		동네 행사	지역 축제에 가 봤어요?
15	날씨/기후	날씨 및 환경 문제로 인한 변화에 대해 말하기	~(으)로 인해(서) 만큼 -도록 뿐		자연재해와 환경 문제	뉴스가 너무 무서워요.
16	회상	한국 생활 회상하며 소감 발표하기	-았/었었- -았/었던 -길래		감정 2	외국인을 위한 복지에는 무엇이 있나요?
	보충·복습		-기에, -아/어야지, ~에 의하면 ~(이)란, -(으)나, -(으)ㄴ/는 탓에, -(으)려고 들다			

등장인물

한국어 선생님
이지영(45세)
한국

에디(30세)
캐나다

아미르 칸(29세)
인도(석훈의 회사 후배)

나레카(25세)
가나

자가(25세)
몽골

김석훈(31세)
한국

나트 차타나(24세)
태국

김태한

박유미(38세)
한국(나트의 이웃)

엔젤(35세)
필리핀

미셸(40세)
프랑스

사만나(8세)
초등학생

목차

동영상을 봅시다

8년

선생님과 친구들이 도와준 덕분입니다.

이 사람들이 왜 여기에 모여 있어요?

모인 사람들은 무슨 이야기를 할까요?

여러분은 자녀의 학교에 가 본 적이 있어요?

따라 하세요

Track 01-1

• 처음 뵙겠습니다.

• 앞으로도 많은 관심 가져 주셨으면 좋겠습니다.

❶ 소화기 ❷ 담임 선생님 ❸ 게시판 ❹ 앞치마

예문

- 요즘 일하느라 많이 바쁘다면서요?
- 다리를 다쳐서 치료를 받는다면서요?

형태

–ㄴ다면서요?	–는다면서요?	–다면서요?
간다면서요?	듣는다면서요?	싸다면서요?
배운다면서요?	받는다면서요?	춥다면서요?

활용 여러분은 친구에 대해서 얼마나 알고 있는지 이야기해 보세요.

	친구에 대한 정보		친구
1	국적	가나에서 왔다	○
2	한국어를 배우는 이유	한국에서 취직하려고 한국어를 배우다	×
3	고향의 날씨	덥고 건조하다	○
4	좋아하는 것	음악 듣기를 좋아하다	×
5	잘하는 것	공으로 하는 운동을 잘하다	×

가: 나레카 씨는 가나에서 왔다면서요?

나: 네, 맞아요. 저는 가나에서 왔어요.

가: 한국에서 취직하려고 한국어를 배운다면서요?

나: 아니요. 저는 대학원에 진학하려고 배우고 있어요.

활용 다음 상황에서 어떻게 감사 표현을 하면 좋을까요? 친구와 이야기해 보세요.

	상황	도와준 사람	도와준 일
1	이사가 잘 끝나다	이웃 사람	도와주다
2	운전면허를 따다	남편	연습을 많이 시켜 주다
3	삔 다리가 다 낫다	친구	좋은 한의원을 소개해 주다
4	고장 난 텔레비전을 고치다	한국 친구	A/S 센터에 수리 신고를 해 주다
5	외출해서 볼일을 잘 보다	시어머니	하루 동안 아이를 맡아 주시다

가: 이사는 잘 끝났어요?

나: 네, 이웃 사람이 도와준 덕분에 잘 끝났어요.

~에 비해서/비하면

예문

- 지하철이 버스에 비해서 이용하기 편해요.
- 이번 집은 저번 집에 비하면 운동장이에요.

형태

에 비하면	에 비해서
아파트에 비하면	나이에 비해서
그 식당에 비하면	가격에 비해서

다음 주 요리 수업에서는 쿠키를 만들려고 합니다. 다른 간식에 비해서 만들기도 쉽고 맛도 좋거든요.

아이들이 정말 좋아하겠네요!

활용 한국과 여러분 나라의 다른 점을 말해 보세요.

	한국	고국
날씨	습도가 높다 여름에 비가 자주 오다	예 몽골　습도가 낮다 비가 적게 오다
인구	약 5,000만 명	
교통	지하철, 버스 노선이 많다 환승 제도가 잘되어 있다	
물가	채소, 고기 등이 비싸다	

몽골은 한국에 비해서 습도가 낮은 편이고, 비도 적게 와요.

학부모 회의에서 자기소개하기

📹 동영상을 봅시다 엔젤 씨가 학부모들 앞에서 자기소개를 합니다.

Movie 01

💬 엔젤 씨는 지금 어디에 있어요?

💬 엔젤 씨는 무엇을 소개했어요?

담임 선생님	여러분, 이분은 사만나의 어머님이세요.
엔젤	안녕하세요? 처음 뵙겠습니다. 사만나 엄마, 엔젤이라고 합니다. 저는 필리핀에서 왔고 한국에 온 지는 8년이 됐어요. 처음 입학했을 때 사만나가 다른 아이들에 비해 뒤처질까 봐 걱정했는데 지금은 학교에 잘 적응하고 있는 것 같습니다. 이게 다 여기 계시는 선생님과 친구들이 도와준 덕분입니다. 정말 감사합니다. 우리 사만나가 지금처럼 친구들과 잘 어울리고 학교생활을 잘할 수 있도록 앞으로도 많은 관심 가져 주셨으면 좋겠습니다. 마지막으로 저도 여러분과 더 친하게 지내고 싶습니다.
담임 선생님	네, 감사합니다.

발음

• 왔고[왇꼬]
• 입학[이팍]
• 있도록[이또록]

☐ 뒤처지다

| 사람1 | • 학교 담임 선생님입니다. 반의 학부모를 다른 학부모들에게 소개하세요. | 사람2 | • 학부모 회의에 참석했습니다. 다른 학부모들 앞에서 자기소개를 하세요. |

	담임 선생님	학부모		
		자기소개	감사의 말	하고 싶은 말
1	사만나 어머니	엔젤 / 필리핀 / 8년	선생님과 친구들이 도와주다	아이에게 관심을 가지다
2	세아 아버지	첸첸 / 중국 / 9년	선생님과 친구들이 아이가 모르는 것을 잘 가르쳐주다	아이가 친구를 더 많이 사귀다
3	승현 어머니	티마 / 카자흐스탄 / 2년	선생님과 친구들이 관심을 가지고 배려해주다	아이가 활발하고 건강해지다
4	🖉	🖉	🖉	🖉

표현

다른 사람을 소개할 때	공식적으로 자기소개와 인사말을 할 때
• 여기 이분은 사만나 어머님이세요. • 여기 사만나 어머니를 소개해 드리겠습니다. • 사만나 어머님도 한 말씀 부탁드립니다.	• 사만나 엄마, 엔젤이라고 합니다. • 저는 필리핀에서 왔고 한국에 온 지는 8년이 됐어요. • 감사의 말씀을 드리고 싶습니다. • 앞으로도 많은 관심 가져 주셨으면 좋겠습니다.

1. 미셸 씨가 힘들어하는 것을 <u>모두</u> 고르세요.　　　　　　　　　　　　　　Track 01-4 🎧

　　① 육아　　　　　　　② 집안일　　　　　　　③ 직장 일　　　　　　　④ 요리 수업

2. 이 여자가 미셸 씨에게 소개해 준 것은 무엇이에요? 그것은 무엇을 하는 것이에요?

　　_____

3. 이 대화가 끝난 후에 미셸 씨는 무엇을 할 것 같아요?

　　① 아내에게 전화할 거예요.　　② 아이를 돌보러 갈 거예요.　　③ 주민 센터에 전화해 볼 거예요.

💡 학부모 커뮤니티 회원 모집 안내문입니다. 다음을 읽고 질문에 답하세요.

한국초등학교 학부모 여러분 안녕하십니까?
　저희 한국초등학교에서는 ○○시의 도움을 받아 학부모님들의 커뮤니티 활동비를 지원해 드리고자 합니다.
　아래 커뮤니티 활동에 참여를 원하는 학부모께서는 신청서를 이번 주 금요일까지 담임 선생님께 제출해 주시기 바랍니다.

분야
① 부모 교육: 부모 역할 배우기, 좋은 아빠 되기
② 자녀 교육: 주말 체험 학습, 대학생 멘토링
③ 문화생활: 가족이 함께하는 한국 전통문화 체험, 커피 바리스타 교육, 자녀 도시락 만들기
④ 고민 상담: 워킹 맘들의 고민, 자녀 돌봄 정보

- - - - - - - - - - 절취선 - - - - - - - - - -
신청을 원하는 곳에 ✓ 해 주세요.

①	②	③	④

　_____학년 _____반 이름: _____
　학부모 이름: _____(서명)

한 국 초 등 학 교

1. 이것을 신청하고 싶은 사람은 어떻게 해야 해요?

　(　　　　　)까지 (　　　　)에게 신청서를 내면 돼요.

2. 맞으면 ○, 틀리면 ✕하세요.

　1) 참여를 원하면 활동비를 내야 해요.
　　　　　　　　　　　　　　　(　　)

　2) 주말 체험 학습을 신청하면 도시락을 만들어 줘요.　　　　　(　　)

　3) 직장과 육아에 관련된 고민도 상담 받을 수 있어요.　　　(　　)

1 다음 표를 보고 필요하다고 생각하는 외국인 커뮤니티의 프로그램을 직접 기획하고 간단한 기획서를 쓰세요.

	분야	장소
1	교육	한국어 교육, 영어 교육, 한국 문화 · 역사 교육
2	문화 및 취미	운동, 요리 만들기, 문화 체험
3	상담	자녀 돌봄, 자녀 교육, 국적 취득, 취업 등

제목: _____

분야, 내용 _____

기획 이유 _____

일   정 _____

대   상 _____

신청 방법 _____

※ _____

PLAN

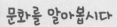

기러기 아빠, 기러기 엄마가 뭐예요?

여러분은 기러기 아빠, 기러기 엄마라는 말을 들어 봤어요?

기러기 부부는 자녀의 교육 때문에 따로 떨어져 사는 부부를 말해요. 보통 아빠가 한국에 남아 뒷바라지를 하고 엄마는 아이와 함께 외국에서 사는 경우가 많아요. 이때 아빠를 기러기 아빠, 엄마를 기러기 엄마라고 해요.

무슨 뜻이에요?

기러기 아빠란, 자녀를 외국에서 공부시키기 위해 아내와 자녀를 외국에 보내 놓고, 홀로 국내에 남아 생활하는 남편을 비유적으로 이르는 말이에요. 기러기 엄마란, 자녀의 교육을 위하여 남편과 떨어져 외국에서 생활하는 엄마를 말해요.

평소에는 한국에서 돈을 벌다가 일 년에 한두 번 가족이 있는 곳으로 간다는 점에서 철새인 기러기와 비슷해서 붙여졌어요.

왜 이런 현상이 생겼어요?

1990년대 중후반 조기 유학의 열풍이 불면서 생긴 현상이에요. 계속 늘어가던 유학생 수는 2006년을 기점으로 점점 감소하고 있어요.

해외 유학생들의 취업난, 가족의 해체 등이 유학에 대한 부정적인 영향을 미쳤기 때문이에요. 가족과 떨어져 살면서 정서적·경제적 문제로 극단적인 선택을 하는 기러기 아빠가 사회 문제가 되기도 해요.

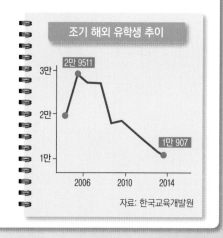

조기 해외 유학생 추이

2만 9511
3만
2만
1만 907
1만

2006 2010 2014

자료: 한국교육개발원

여러분 나라에도 기러기 부부와 비슷한 말이 있어요? 그 말은 왜 생겼어요?

한국	기러기 부부	
나		
친구		

여러분은 자녀의 교육을 위해 부부가 떨어져 사는 것에 대해 어떻게 생각해요?

2

야간만 아니면
괜찮아요.

엔젤 씨는 무엇을 찾고 있어요?

유미 씨는 카페에서 무엇을 보았어요?

유미 씨는 엔젤에게 무엇을 알려 주었어요?

따라 하세요

Track 02-1

• 제가 아르바이트할 곳이 있을까요?

• 영어를 가르치든지 가게에서
  일하든지 다 좋아요.

• 야간만 아니면 괜찮아요.

아르바이트 모집

근무조건

급여	시급 9,040원 협의 가능
근무 기간	6개월~1년
근무 요일	월~금
근무 시간	12:30~18:00 (휴게 시간 60분)
업직종	뷰티 헬스 스토어, 매장 관리 판매
교육 형태	알바
복리 후생	국민연금, 고용보험, 산재보험, 건강보험

❶ 강의   ❷ 서빙   ❸ 모집

예문

- 지금 보다시피 벌써 끝날 시간이 되었네요.
- 알다시피 다음 주에 다문화가족지원센터에 큰 행사가 있어요.

형태

–다시피
보다시피 (보시다시피)
알다시피 (아시다시피)

다음 주에 수업에 못 온다고 했지요?

네, 지난주에 말씀드렸다시피 고향에 가야 합니다.

활용   확인하고 싶은 내용을 질문하고 대답해 보세요.

	확인하고 싶은 내용			대답
1	오늘 / 사람이 많다	➡	보다	사람이 무척 많다
2	이 음식 / 맵다	➡	잘 알다	이 음식은 고추장으로 만들다
3	내일 / 한국어 시험이 있다	➡	어제 선생님께 들었다	내일 한국어 시험이 있다
4	다음 주 / 고향에 가다	➡	지난번에 말씀드렸다	다음 주에 고향에 가다

가: 오늘도 사람이 많지요?

나: 네, 보(시)다시피 사람이 무척 많아요.

- 연휴 때 국내 여행을 가든지 집에서 쉬든지 하려고 해요.

- 밥을 먹든지 빵을 먹든지 다 좋아요.

형태

–든지
쉬든지
좋든지

활용　선택할 수 있는 것이 2가지 이상인 것에 대해 이야기해 보세요.

	알고 싶은 내용	선택할 수 있는 것
1	주말 / 뭐 / 하다	집에서 드라마를 보다 / 극장에서 영화를 보다
2	취업 원서 / 어떻게 / 접수하다	직접 방문하다 / 우편으로 보내다
3	비가 오다 / 행사 / 진행하다	비가 오다 / 비가 안 오다
4	매운 음식 / 괜찮다	맵다 / 안 맵다

가: 주말에 뭐 할 거예요?

나: 집에서 드라마를 보든지 극장에서 영화를 보든지 할 거예요.

예문

- 무서운 영화만 아니면 괜찮아요.
- 매운 음식만 아니면 먹을 수 있어요.

형태

만 아니면
아이만 아니면
야간만 아니면

어디에서 시험공부를 할까요?

시끄러운 곳만 아니면 다 괜찮아요.

활용	약속을 하려고 합니다. 서로 의견을 묻고 안 되는 것을 이야기해 보세요.

	의견 묻기	안 되는 것	
1	무슨 요일 / 등산 가다	토요일	✕
2	몇 시 / 회의를 하다	점심시간	✕
3	무슨 음식 / 먹다	짠 음식	✕
4	어디 / 만나다	집에서 먼 곳	✕

가: 우리 무슨 요일에 등산 갈까요?

나: 토요일만 아니면 다 괜찮아요.

아르바이트에 대한 정보 구하기 과제

Track 02-2

📹 동영상을 봅시다 나트 씨가 유미 씨와 아르바이트에 대해서 이야기합니다.

Movie 01

💬 나트 씨는 무엇을 찾고 있어요?

💬 유미 씨는 나트 씨에게 어떤 이야기를 했어요?

나트	유미 씨, 제가 아르바이트할 곳이 있을까요?
유미	어떤 아르바이트요?
나트	영어를 가르치든지 가게에서 일하든지 다 좋아요.
유미	그래요? 시간은 언제가 좋아요?
나트	아시다시피 아직 제 아이가 어려서요. 야간만 아니면 괜찮아요.
유미	그럼 다문화가족지원센터 옆 카페에 한번 가 보세요. 거기에서 낮 시간에 아르바이트할 사람을 찾고 있더라고요.
나트	그래요? 고마워요.

발음 Track 02-3 🎧

- 낮 시간[나씨간]
- 찾고[찯꼬]

| 사람1 | •아르바이트를 찾고 있습니다. 상대에게 정보를 구하세요. | 사람2 | •아르바이트 정보를 알고 있습니다. 상대에게 필요한 아르바이트 정보를 주세요. |

	사람1		사람2
	찾는 아르바이트	피하고 싶은 조건	아르바이트 정보
1	영어를 가르치다 / 가게에서 일하다	야간	다문화가족지원센터 옆 카페 / 아르바이트할 사람을 찾다
2	편의점에서 일하다 / 카페에서 일하다	월요일	학교 앞 편의점 / 판매 아르바이트를 할 사람을 찾다
3	아기를 돌보다 / 초등학생을 가르치다	저녁 시간	수미 엄마 / 아기를 봐 줄 사람을 찾다
4	✏	✏	✏

표현

아르바이트에 대한 정보를 구할 때	아르바이트에 대한 정보를 줄 때
•아르바이트할 곳이 있을까요?	•그럼 사무실에 한번 가 보세요.
•아르바이트 자리 좀 구하고 싶은데요.	•한번 연락해 보세요.
•카페 아르바이트를 하고 싶은데 혹시 아는 곳이 있어요?	•가게 문 앞의 구인 광고를 보면 돼요.

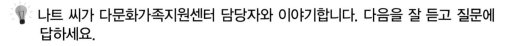

들어 봅시다

나트 씨가 다문화가족지원센터 담당자와 이야기합니다. 다음을 잘 듣고 질문에 답하세요.

Track 02-4

1. 담당자는 나트 씨에게 어떤 아르바이트를 추천했어요?

① 카페 ② 마트 ③ 옷 가게

2. 다음 중 맞는 것을 고르세요.

① 나트 씨는 카페 아르바이트를 하고 있어요.

② 나트 씨는 영어만 쓰는 아르바이트를 하고 싶어요.

③ 나트 씨는 한국어 수업이 있을 때 아르바이트를 하고 싶지 않아요.

읽어 봅시다

 아르바이트 모집 광고입니다. 다음을 읽고 질문에 답하세요.

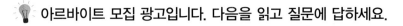

화장품 판매 아르바이트 모집

근무 기간	6개월
근무 요일	토요일, 일요일
근무 시간	오후 1시~오후 5시
근무 장소	명동 ○○ 화장품 가게
근무 조건	시급 9,000원
성별, 국적	무관

** 판매 유경험자, 외국어 가능자 우대 **

연락처: 010-1234-○○○○

1. 맞으면 ○, 틀리면 ✕ 하세요.

1) 하루에 4시간 일해요.   (   )

2) 평일과 주말에 모두 일해야 돼요.   (   )

2. 어떤 경험과 능력을 가진 사람을 더 우대해요?

1) _____

2) _____

1 아르바이트 공고를 봤습니다. 공고를 보고 아르바이트 조건이 자신이나 다른 사람에게 맞는지 이야기해 보세요.

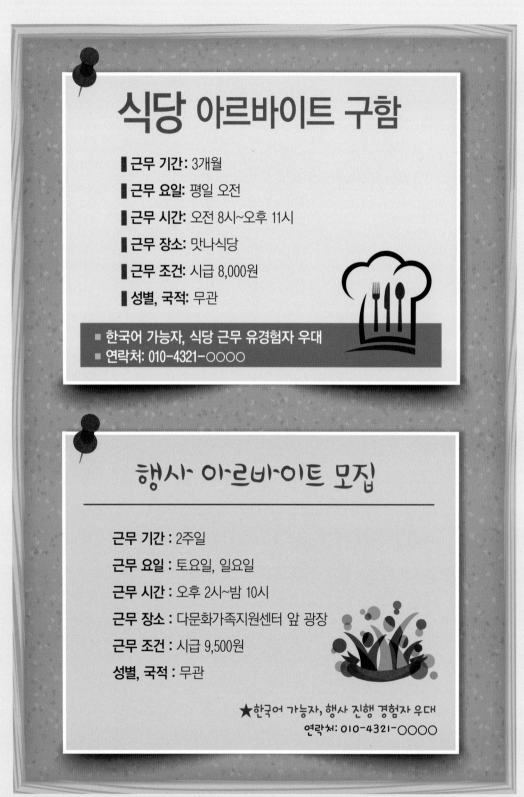

식당 아르바이트 구함

▌**근무 기간:** 3개월

▌**근무 요일:** 평일 오전

▌**근무 시간:** 오전 8시~오후 11시

▌**근무 장소:** 맛나식당

▌**근무 조건:** 시급 8,000원

▌**성별, 국적:** 무관

- 한국어 가능자, 식당 근무 유경험자 우대
- 연락처: 010-4321-○○○○

행사 아르바이트 모집

근무 기간 : 2주일

근무 요일 : 토요일, 일요일

근무 시간 : 오후 2시~밤 10시

근무 장소 : 다문화가족지원센터 앞 광장

근무 조건 : 시급 9,500원

성별, 국적 : 무관

★한국어 가능자, 행사 진행 경험자 우대

연락처: 010-4321-○○○○

문화를 알아봅시다

아르바이트는 어떻게 구해요?

🎒 여러분은 아르바이트를 하고 싶어요?

아르바이트를 줄여서 '알바'라고 많이 해요. '알바'는 사전에 없는 말이지만 신문에서도 일반적으로 많이 쓰고 있어요. 과거에는 아르바이트를 구하기 위해 돌아다녔지만 지금은 주로 인터넷을 이용해요. 아르바이트생을 많이 쓰는 곳은 PC방, 편의점, 패스트푸드점, 노래방, 대형 마트예요.

알바 모집

근무 복지	시급 10,000원 무조건 당일 제공 맛있는 스테이크 제공 **스테이크아웃 셀러로 임명되면 매출의 % 추가 분배**
직무 내용	푸드 트럭 영업 준비·정리, 요리 & 서비스 제공
모집 인원	○○○명
근무 자격	29세 이하 청년 누구나
근무 일정	아무 때나 가능한 날 지원

직접 다니며 구하기	생활 정보지 이용하기	인터넷 이용하기
아르바이트 구함 • 시간: 17:00~22:30 • 요일: 협의 가능		**알바 선진국** **알바천국** **알바의 신기술** **albamon**
아르바이트를 구하는 곳에서 가게 문 등에 구인 광고를 붙여 놓아요. 한국어가 서툰 외국인이 아르바이트를 구할 수 있는 좋은 방법이에요. 당일 바로 면접을 보고 결과를 알 수 있어요.	교차로와 벼룩시장은 대표적인 생활 정보 신문으로 전국에서 발행하고 있어요. 전철역, 버스 정류장, 마트, 서점 입구 등에 비치되어 있어요. 웹 사이트에서도 볼 수 있어요.	인터넷으로 아르바이트를 구할 수 있어요. 대표적인 아르바이트 사이트는 '알바천국'과 '알바몬'이에요. 본인이 일하고 싶은 지역을 클릭하면 정보를 얻을 수 있어요.

알바 구하기 전 체크
이런 알바 조심!
체크 카드, 계좌 비밀번호 요구엔 절대 응하지 마세요!
대출 사기의 공범이 될 수 있습니다.

인터넷에서 채용 공고가 자주 올라오는 업체는 되도록 피하는 것이 좋아요. 근무 환경이나 대우가 안 좋을 수 있어요. 그리고 '일단 연락을 주면 자세히 설명해 드립니다' 등의 내용만 있는 경우도 매우 조심해야 해요. 또 아르바이트를 구한다고 하면서 이력서, 카드와 통장을 퀵서비스로 보내라고 하는 것은 사기이므로 절대로 개인 정보를 주면 안 돼요.

🎒 여러분은 아르바이트를 한 적이 있어요? 앞으로 어떤 아르바이트를 하고 싶어요?

한국	아르바이트한 경험	앞으로 하고 싶은 아르바이트
나		
친구		

동영상을 봅시다

教務室 / 정숙

교무실 (on sign)
정숙 (on sign)

3

성격도 밝고 친구가 얼마나 많은지 몰라요.

여러분은 아이 학교 상담 신청서를 써 봤어요?

아이 학교에 가서 상담해 본 적이 있어요?

상담할 때 가장 궁금한 것이 뭐였어요?

따라 하세요

Track 03-1

- 우리 아이가 학교생활을 잘하나요?
- 아이 적성은 어떤가요?
- 집에서도 노래는 아무리 불러도 싫지 않대요.

그림 책 / 신간 (on sign)

상담 신청서

① 교무실　　②학부모　　③담임 선생님
④그림책　　⑤상담 신청서

예문

- 이번 학기에 학부모 상담을 해야 된대요.
- 학부모 상담은 언제 하냬요.

형태

–ㄴ대요	–는대요	–대요
간대요	먹는대요	싸대요
쓴대요	듣는대요	좋대요

형태

–냬요	–으냬요	–냬요
크냬요	작으냬요	마시냬요
피곤하냬요	넓으냬요	읽냬요

○○다문화가족지원센터

학부모 상담 갔다 왔어요?

네, 갔다 왔는데 우리 아이가 노래에 소질이 있대요.

활용 　 **아이 학교에 무슨 행사가 있어요? 학교 안내 사항을 전달해 주세요.**

	언제	학교 안내 사항	
		내용	장소
1	봄	소풍을 가다	서울에 있는 놀이공원
2	여름	운동회가 있다	학교 운동장
3	가을	지역 주민과 같이 불우 이웃 돕기 바자회를 하다	학교 앞 공원
4	겨울	그림 전시회를 하다	학교 강당

봄에 무슨 행사가 있어요?

장소는요?

소풍을 간대요.

서울에 있는 놀이공원이래요.

–재요, –(으)래요

부장님이 방금 뭐라고 하셨어요?

이 업무를 내일까지 끝내재요.

예문

- 수업 후에 교실 청소를 하재요.
- 책을 읽으래요.

형태

–재요	–래요	–으래요
쓰재요	오래요	웃으래요
읽재요	운동하래요	찾으래요

활용

여러분은 커피숍에서 아르바이트를 해요. 새로 온 동료에게 점장님의 지시 사항을 전달해 주세요.

지시 사항

1. 출근 시간을 잘 지키세요.
2. 분리수거를 잘 합시다.
3. 오자마자 근무복으로 갈아입고 손을 깨끗이 씻으세요.
4. 손님에게 친절하게 대해 주세요.
5. 퇴근 30분 전에 부엌과 테이블 정리를 같이 합시다.

점장님이 뭐랬어요?

점장님이 출근 시간을 잘 지키랬어요.

3과 성격도 밝고 친구가 얼마나 많은지 몰라요.

35

예문

- 아무리 키가 작아도 농구를 잘할 수 있어요.
- 아무리 힘들어도 오늘 할 일을 다 해야 돼요.

형태

아무리 -아도	아무리 -어도	아무리 해도
아무리 좋아도	아무리 마셔도	아무리 피곤해도
아무리 만나도	아무리 먹어도	아무리 준비해도

아이 학교 상담은 신청했어요?

네, 처음 하는 상담이라서 아무리 바빠도 꼭 가려고요.

활용 아무리 해도 안 되는 일이 있어요? 아무리 해도 싫증 안 나는 일이 있어요?

	질문	결과/느낌	
		부정적	긍정적
1	한국 드라마 보는 것	이해하기가 어렵다	싫증이 안 나다 - 한국 문화를 쉽게 배울 수 있다
2	토픽 시험 공부하는 것	실력이 늘지 않다	재미있다 - 모르는 것을 계속 배울 수 있다
3	한국 음식 배우는 것	간 맞추기가 힘들다	더 배우고 싶어지다 - 만들 때마다 솜씨가 좋아지는 것 같다
4	태권도 배우는 것	동작이 잘 안 되다	힘들지 않다 - 운동하는 것을 좋아하다

한국 드라마 보는 것은 어때요? 저는 아무리 많이 봐도 이해하기가 어려워요.

저는 아무리 많이 봐도 싫증이 안 나요. 한국 문화를 쉽게 배울 수 있거든요.

얼마나 -(으)ㄴ/는지 모르다

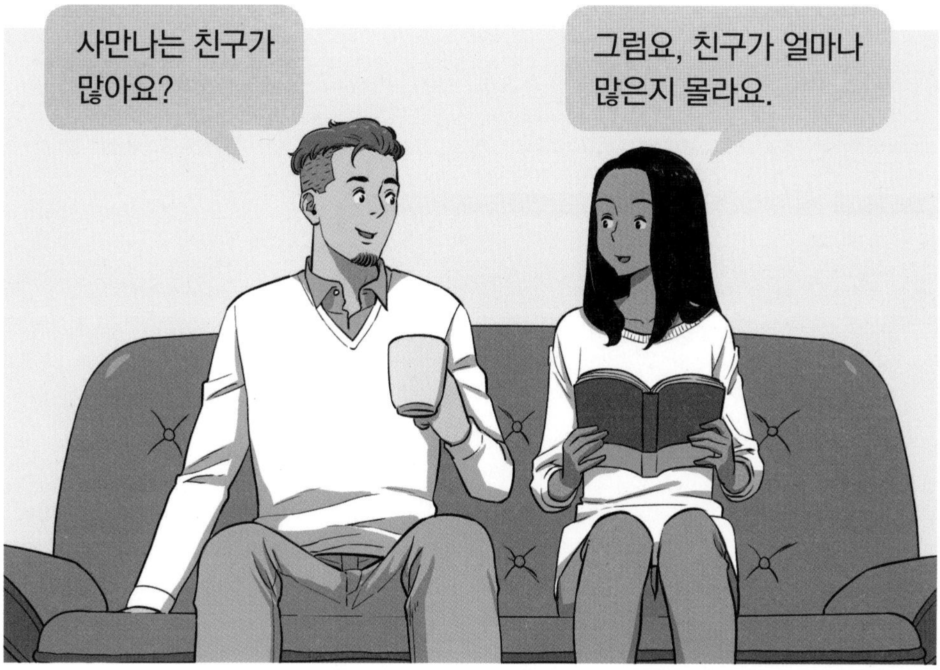
사만나는 친구가 많아요?
그럼요, 친구가 얼마나 많은지 몰라요.

예문

- 얼마나 바쁜지 몰라요.
- 얼마나 책을 많이 읽는지 몰라요.

형태

얼마나 -ㄴ지 모르다	얼마나 -은지 모르다	얼마나 -는지 모르다
얼마나 싼지 모르다	얼마나 좋은지 모르다	얼마나 잘하는지 모르다
얼마나 복잡한지 모르다	얼마나 작은지 모르다	얼마나 잘 먹는지 모르다

활용 친구들의 장점이나 능력에 감탄했을 때 어떻게 말해요?

	질문	장점	능력
1	가니 씨는 아는 사람이 많아요?	발이 넓다	축구를 잘하다
2	수지 씨한테 이 이야기를 해도 돼요?	입이 무겁다	춤을 잘 추다
3	에디 씨가 알까요?	상식이 풍부하다	기타를 잘 치다
4	페트로 씨한테 부탁할까요?	친절하다	트럼펫을 잘 불다

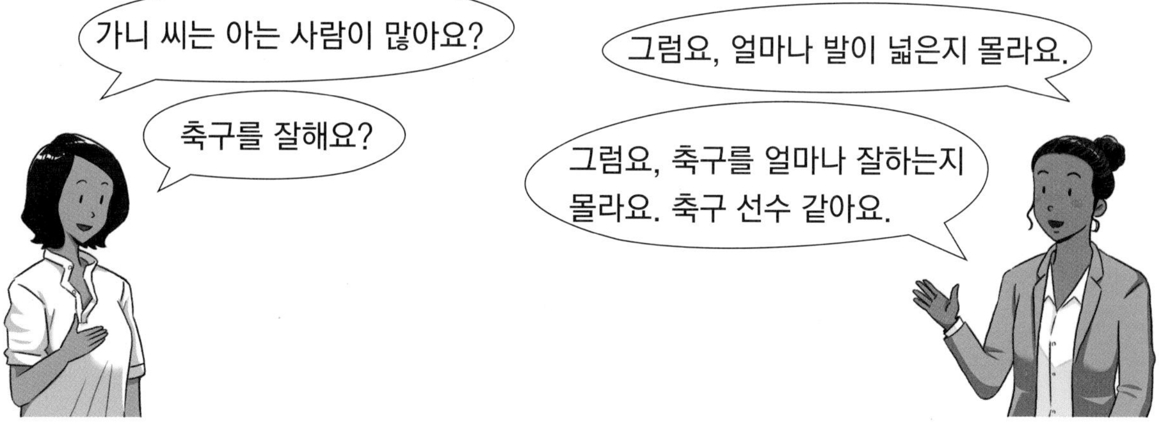
가니 씨는 아는 사람이 많아요?
그럼요, 얼마나 발이 넓은지 몰라요.
축구를 잘해요?
그럼요, 축구를 얼마나 잘하는지 몰라요. 축구 선수 같아요.

Track 03-2

동영상을 봅시다   엔젤 씨가 아이 담임 선생님을 만나 상담합니다.

Movie 01

💬 사만나의 학교생활은 어때요?

💬 사만나가 잘하는 것과 부족한 것은 뭐예요?

엔 젤 선생님, 우리 아이가 학교생활을 잘하나요?

선생님 그럼요. 성격도 밝고 친구가 얼마나 많은지 몰라요.

엔 젤 그래요? 걱정했는데 다행이네요. 아이 적성은 어떤가요?

선생님 사만나는 노래에 소질이 있는 것 같아요.

엔 젤 네. 집에서도 노래는 아무리 불러도 싫지 않대요.

선생님 방과 후 수업에 합창반이 있는데 한번 해 보는 게 어떠세요?

엔 젤 안 그래도 아이가 합창반을 하고 싶댔어요.

선생님 그럼 합창반 신청을 받을 때 신청서를 보내 드릴게요.

엔 젤 감사합니다. 그런데 혹시 아이한테 부족한 부분은 없나요?

선생님 한국어 읽기가 조금 느린 편이에요. 쉬운 그림책을 여러 번
읽으면 도움이 될 것 같아요.

발음   Track 03-3

• 밝고[발꼬]

• 걱정했는데[걱쩡핸는데]

• 싫지 않대요[실치안태요]

☐ 합창반   ☐ 혹시   ☐ 부분

대화해 봅시다

사람1 • 학부모입니다. 담임 선생님과 아이에 대해 상담하세요.

사람2 • 담임 선생님입니다. 아이 학부모와 아이에 대해 이야기하세요.

학부모	담임 선생님
• 학교생활은 잘하나요? • 아이 적성은 어떤가요? • 혹시 아이한테 부족한 부분은 없나요?	• 성격도 밝고 친구가 많다 • 노래에 소질이 있다 / 합창반 • 한국어 읽기가 조금 느린 편이다
	• 성격도 원만하고 적극적이다 • 운동에 소질이 있다 / 축구팀 • 한국어가 부족한 편이다
	• 성격도 차분하고 성실하다 • 과학에 소질이 있다 / 과학반 • 특별히 없다
✎	✎ ✎

표현

아이의 학교생활을 물어볼 때	학부모의 질문에 대답할 때
• 우리 아이가 학교생활은 잘하고 있나요? • 친구들과 잘 지내나요? • 혹시 아이한테 부족한 부분은 없나요?	• 잘 적응하고 있습니다. • 별 문제없이 잘 지냅니다. • 교우 관계에 신경 써 주셨으면 합니다.

💡 엔젤 씨가 미셸 씨에게 아이 상담 내용을 말합니다. 다음을 잘 듣고 질문에 답하세요.

Track 03-4 🎧

1. 상담을 시작할 때 엔젤 씨의 마음은 어땠는지 맞는 것을 고르세요.

① 기뻤어요.　　　　② 슬펐어요.　　　　③ 긴장했어요.　　　　④ 우울했어요.

2. 대화가 끝난 후 엔젤 씨와 미셸 씨가 할 행동으로 맞는 것을 고르세요.

① 합창반 신청서를 써요.

② 아이와 같이 그림책을 읽어요.

③ 담임 선생님께 감사 인사를 해요.

④ 아이와 같이 책을 사러 서점에 가요.

💡 아이 학교의 '개인 상담 신청서'입니다. 다음 신청서를 읽고 질문에 답하세요.

개인 상담 신청서

(1)학년 (2)반 이름 : 사만나　　학부모 : _Angel_ (인)

1) 상담 방법 선택 ((직접 상담) , 전화 상담)

2) 상담 시간 선택

(1~3학년은 2시 이후, 4~6학년은 3시부터 가능, 희망하는 시간에 ○표 표시)

신청 날짜	14:00 ~ 14:20	14:20 ~ 14:40	14:40 ~ 15:00	15:00 ~ 15:20	15:20 ~ 15:40	15:40 ~ 16:00	16:00 ~ 16:20	16:20 ~ 16:40
(10)월 (11) 일				○				

3) 상담 내용

내용	상담할 내용을 간단히 적어 주시기 바랍니다.
친구 관계	친구와 잘 지내는지 싸우지는 않는지 상담하고 싶습니다.
학습 상황	수업을 잘 이해하는지 한국어가 부족하지 않은지 알고 싶습니다.
학습 태도	수업 태도와 선생님 말씀을 잘 듣는지 알고 싶습니다.
이성 관계	-
기타	급식을 잘 먹는지 알고 싶습니다.

1. 다음 중 맞는 것을 고르세요.

① 상담 시간을 선택할 수 없어요.

② 상담은 직접 학교로 가야 해요.

③ 5학년은 2시부터 상담 가능해요.

④ 상담하고 싶은 것을 미리 써야 해요.

2. 엔젤 씨가 쓴 내용과 다른 것을 고르세요.

① 선생님을 만나서 상담하고 싶어 해요.

② 10월 11일 3시에 상담하고 싶어 해요.

③ 아이의 남자 친구에 대해 알고 싶어 해요.

④ 아이의 한국어 실력에 대해 알고 싶어 해요.

1 학부모 상담 운영 안내문입니다. 다음 글을 읽고 무슨 내용인지 말해 보세요.

학부모 상담 운영 안내

안녕하십니까? 학부모님 가정에 기쁨이 늘 함께하시기를 바라며 그동안 본교 교육에 많은 관심을 보여 주심에 감사드립니다.

본교에서는 상담 주간에 방문하기 어려운 학부모님을 위해 상담을 연중 수시로 운영하기로 했습니다.

상담은 학생들의 학업 및 기본 생활 습관 등의 교육을 위한 것입니다. 선물이나 금품은 절대 받지 않으니 편안한 마음으로 오셔서 유익한 상담이 되시기 바랍니다.

상담 내용은 비밀을 보장하며 상담을 원하시는 학부모님께서는 상담 신청서를 작성하시어 상담을 원하는 날짜 일주일 전까지 자녀 편에 보내 주시기 바랍니다. 요일 및 시간 조정을 한 후 담임 선생님께서 자녀 편에 따로 확정된 날짜와 시간을 알려 드리겠습니다.

	작년	올해
상담 기간	연 2회 상담 주간 운영	수시 상담
상담 시간	하교 후 20분 내외	
상담 장소	각 반 교실	
상담 방법	전화 상담 또는 직접 면담 등	

2 위의 글을 읽고 다른 학부모에게 내용을 전달하세요.

그래요? 작년에는 바빠서 갈 수 없었는데 잘됐네요.

학부모 상담을 작년에 2번 했는데 올해부터는 수시 상담으로 바뀌었대요.

우리도 돌봄 교실을 이용할 수 있어요?

🐾 여러분은 돌봄 서비스를 받아 본 적이 있어요?

한국에서는 여성의 사회 진출이 확대되고 맞벌이 가정이 증가함에 따라 안심하고 아이를 양육할 수 있는 여건을 조성해 나가고 있어요. '초등 돌봄 교실'은 맞벌이 등으로 부모가 아이를 돌봐 줄 수 없는 가정의 자녀들을 학교에서 방과 후에 무료로 돌봐 주는 프로그램이에요.

누가 받아요?

돌봄이 꼭 필요한 맞벌이, 저소득층, 한부모 가정의 초등학생을 돌봐 줘요. 1~2학년 중심 돌봄 교실에서는 매일 1개 이상 무료 프로그램을 진행해요. 3학년 이상은 방과 후 프로그램과 연계해서 진행해요.

어떤 혜택을 받아요?

오후 돌봄 교실은 방과 후부터 오후 5시까지, 저녁 돌봄 교실은 오후 5시부터 밤 10시까지예요. 숙제, 일기 쓰기, 독서 등 개인 활동과 놀이, 체험 활동 등 단체 활동을 지원해요. '방과 후 학교 연계형 돌봄 교실'은 '방과 후 학교'에 참여하는 돌봄 학생을 위한 프로그램이에요.

초등학교 돌봄 교실

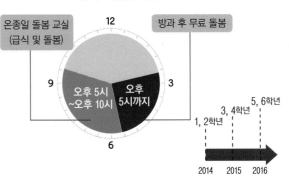

가정으로 찾아가는 돌봄 서비스도 있어요. '아이 돌봄 교실'은 만 3개월 이상 12세 이하 아동을 둔 맞벌이 가정 등에 아이 돌보미가 직접 방문하여 아동을 안전하게 돌봐 주는 아이 돌봄 서비스예요.

아동의 안전한 보호　　**부모의 일·가정 양립**

🐾 여러분 나라에서는 부모가 안심하고 일을 할 수 있도록 어떤 지원을 해 줘요?

	지원 내용
나	
친구	

출처: 아이돌봄서비스(https://www.idolbom.go.kr/home.go)

다문화가정과 함께하는 즐거운 한국어 중급 2

동영상을 봅시다

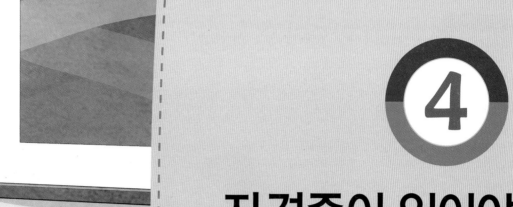

자격증이 있어야 일할 수 있나요?

어떤 일을 하고 싶으세요?

직장 생활을 해 본 적이 있어요?

어떤 자격증이 있나요?

따라 하세요

Track 04-1

- 저는 통역 일을 하고 싶어요.
- 의료 용어가 어려운 반면에 임금이 높아요.
- 혹시 자격증이 있어야 일할 수 있나요?

❶ 상담　❷ 신청서　❸ 구직　❹ 구인　❺ 자격증

–지 않으면 안 되다

예문

- 신발이 편하지 않으면 안 돼요.
- 약을 먹지 않으면 안 돼요.

형태

–지 않으면 안 되다
가지 않으면 안 되다
먹지 않으면 안 되다

> 요즘도 한국어 공부 열심히 하나 봐요.

> 네, 한국 회사에서 일하려면 한국어를 잘하지 않으면 안 돼요.

활용 확인하고 싶은 내용을 질문하고 대답해 보세요.

	질문		대답
1		외국 여행을 가려고 하다	여권을 만들다
2		학교에서 가르치고 싶다	대학교를 졸업하다
3		발표를 잘 하고 싶다	여러 번 연습하다
4		주말에 이 식당에서 식사를 하다	예약을 하다

가: 외국 여행을 가려고 해요.

나: 외국에 가려면 여권을 만들지 않으면 안 돼요.

-(으)ㄴ/는 반면(에)

새로운 일자리가 어때요?

월급이 많은 반면(에) 일이 좀 힘들어요.

예문

- 물건이 비싼 반면(에) 질이 좋아요.
- 평일에는 사람이 적은 반면(에) 주말에는 복잡해요.

형태

-ㄴ 반면에	-은 반면에	-는 반면에
싼 반면에	좋은 반면에	가는 반면에
빠른 반면에	적은 반면에	먹는 반면에

활용

친구의 질문에 대답해 보세요.

	질문	대답	
1	KTX	KTX가 빠르다	좀 비싼 편이다
2	집	거실이 넓다	방이 좁다
3	봉사 활동	힘들다	보람이 크다
4	한국 음식	불고기를 좋아하다	김치는 잘 먹지 않다

가: KTX가 어때요?

나: KTX는 빠른 반면(에) 좀 비싼 편이에요.

−아/어야

예문

- 자격증이 있어야 일할 수 있어요.
- 그 식당은 예약해야 갈 수 있어요.

형태

−아야	−어야	해야
싸야	있어야	좋아해야
와야	먹어야	공부해야

바리스타 자격증

아니요. 커피숍에서 일한 경험이 있으면 자격증이 없어도 돼요.

바리스타 자격증이 있어야 일할 수 있나요?

활용

구직할 때 무엇을 해야 하는지 이야기해 보세요.

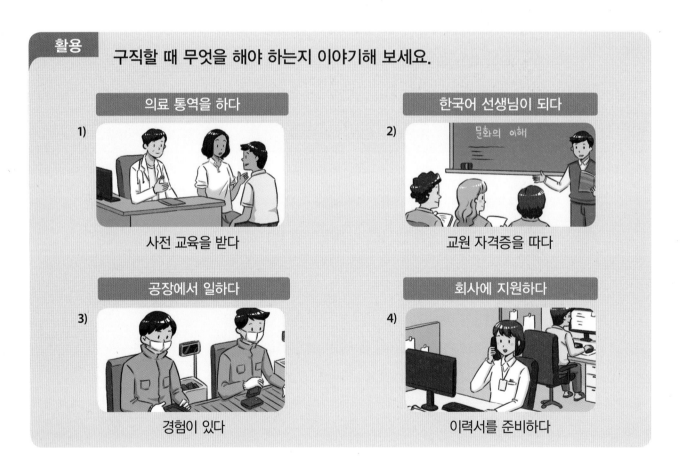

1) 의료 통역을 하다

사전 교육을 받다

2) 한국어 선생님이 되다

교원 자격증을 따다

3) 공장에서 일하다

경험이 있다

4) 회사에 지원하다

이력서를 준비하다

가: 의료 통역을 하고 싶어요.

나: 사전 교육을 받아야 할 수 있어요.

다문화가족지원센터에서 취업에 대한 정보 구하기

Track 04-2

동영상을 봅시다　　나트 씨가 다문화가족지원센터에서 구직하려고 상담하고 있습니다.

1:1 맞춤형 직업 상담

Movie 01

💬 직원은 나트 씨에게 어떤 일을 추천하고 있어요?

💬 그 일을 하려면 먼저 무엇을 해야 돼요?

직원　　어떤 일을 하고 싶으세요?

나트　　저는 통역 일을 하고 싶어요. 통역을 해 본 경험이 있거든요.

직원　　그럼 의료 통역은 어떠세요? 의료 용어가 어려운 반면에 임금이 높아요.

나트　　혹시 자격증이 있어야 일할 수 있나요?

직원　　자격증은 필요 없는데 사전 교육을 받지 않으면 안 돼요.

나트　　네, 알겠습니다. 그럼 필요한 서류를 말씀해 주시겠어요?

발음　　Track 04-3

• 자격증[자격쯩]

| 사람1 | •구직자입니다. 구직 활동에 대해 궁금한 점을 물으세요. |
| 사람2 | •구직 담당 직원입니다. 구직자의 질문에 대답하세요. |

	구직자	구직 담당 직원
1	통역을 하다	의료 통역 – 의료 용어가 어렵다 / 임금이 높다
2	번역을 하다	다문화가족지원센터 번역사 – 날마다 출근해야 하다 / 안정된 직업이다
3	영어를 가르치다	다문화 이중 언어 강사 – 다문화 강사 교육을 받아야 하다 / 가르치는 보람이 있다
4	관광 가이드를 하다	문화 해설사 – 휴일에도 일해야 하다 / 나이 제한이 없다
5	🖉	🖉

표현

구직에 대해서 문의할 때	구직에 대해서 조언할 때
• 저는 통역 일을 하고 싶어요. • 통역 일을 한 경험이 있어요. • 혹시 자격증이 있어야 일할 수 있나요? • 필요한 서류를 말씀해 주시겠어요?	• 어떤 일을 하고 싶으세요? • 의료 통역은 어떠세요? • 사전 교육을 받지 않으면 안 돼요. • 사전 교육을 반드시 받아야 합니다.

💡 에디 씨가 구인 광고를 보고 학원에 전화합니다. 잘 듣고 질문에 답하세요. Track 04-4 🎧

1. 다음 중 맞는 것을 고르세요.

① 에디 씨는 일본에서 대학교를 졸업했어요.

② 에디 씨는 프랑스어 선생님을 하고 싶어 해요.

③ 교사 자격증이 있어야 학원에서 일할 수 있어요.

④ 에디 씨는 한국에서 영어를 가르친 경험이 있어요.

2. 에디 씨는 학원에 무엇을 보내야 해요?

(   )

💡 다음 일자리의 장단점에 대해서 이야기해 보세요.

	일자리	장점	단점
1	식당	일자리를 구하기 쉽다	돈이 적다
2	공장		
3	통역		
4	사무실		
5	✏️	✏️	✏️

가: 식당은 어때요?

나: 일자리를 구하기 쉬운 반면에 돈이 적어요.

1 나트 씨의 이력서입니다. 다음을 읽고 질문에 답하세요.

이 력 서

성명	나트 차나타	
생년월일	1994년 12월 25일생 (만 24세)	

주소	경기도 용인시 기흥구 구성로 12길			
연락처	전화	010-5678-1234	이메일	naat@mail.com

년 월 일	학력 및 경력 사항	비 고
2018년 2월	태국 문화 전시회 태국어 통역	
2016년 12월	이천 쌀 축제 태국어 통역 및 안내	
2016년 3월 ~ 현재	다문화가족지원센터 한국어 과정	
2015년 8월	치앙마이대학교 영어학과 졸업	
2013년 8월	태국 항동고등학교 졸업	

1. 나트 씨는 지금 어디에 살고 있어요?

　① 서울　　　② 용인　　　③ 방콕　　　④ 이천

2. 위의 내용과 같은 것을 고르세요.

　① 나트 씨는 영어를 공부하고 있다.

　② 나트 씨는 통역 일을 한 적이 있다.

　③ 나트 씨는 한국에서 일한 적이 없다.

　④ 나트 씨는 고등학교를 졸업하자마자 한국에 왔다.

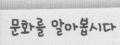

취업 관련 정보를 알고 싶어요.

여러분은 취업에 관한 정보를 어디에서 얻고 있어요?

많은 사람들이 안정된 일자리를 얻기 위해 노력을 해요. 하지만 좋은 일자리를 구하는 것이 쉽지는 않아요. 취업 박람회에 참여하는 등 적극적인 노력이 필요해요. 외국인이 취업을 하려면 먼저 본인이 가지고 있는 비자로 취업할 수 있는지 확인해 봐야 해요. 확인은 외국인종합안내센터(☎1345)에서 하면 돼요.

고용센터	국가(고용노동부)에서 운영하는 대표적인 취업 알선 기관. 전국 각 지역에 있어요.
외국인노동자지원센터	외국인 근로자들을 대상으로 다양한 도움을 주는 민간 기관.
여성인력개발센터	여성들의 취업 알선과 직업 훈련을 해 주는 기관. 프로그램은 대부분 무료예요.
다문화가족지원센터	취업 알선과 직업 교육 프로그램을 운영. (다문화이해강사, 원어민 강사 양성 과정 등)
시·군 취업정보센터	시와 군에서 운영하고 있는 무료 취업 알선 기관. 시청이나 군청을 방문해 보세요.
서울글로벌센터	서울 시청에서 운영하는 기관. 창업 상담, 외국인 취업 박람회 등을 개최하고 창업 상담 및 지원을 해 줘요.
여성새로일하기센터	여성가족부에서 지정한 기관. 직업 교육 훈련, 취업 상담 등 취업 지원 서비스를 해 줘요.
기타 인터넷	워크넷(www.work.go.kr) : 취업 포털 사이트로 일자리 정보를 얻을 수 있어요. '이주민 취업 준비' 직업 심리 검사 서비스를 무료로 해 줘요.

취업을 하기 전에 필요한 교육을 받을 수 있어요. 외국인은 고용 보험 피보험 자격 취득 이력이 있어야 하지만, 결혼 이민자는 이런 이력이 없어도 돼요. 내일배움카드를 발급받으면 교육비를 지원받을 수 있어요.

여러분은 취업 정보를 주로 어디에서 어떻게 얻고 있어요?

	취업 정보를 얻는 곳과 방법
나	
친구	

한국어 말하기 연습을 더 많이 할걸 그랬어요.

다문화가족지원센터 게시판에 뭐가 있어요?

나트 씨는 컴퓨터에서 뭘 읽고 있어요?

나트 씨는 무엇을 후회할까요?

따라 하세요

Track 05-1

• 힘내세요. 포기하면 안 돼요.

• 그게 좋겠어요.

• 엔젤 씨 덕분에 힘이 나네요.

[결과 안내]
20**년 상반기 직원 모집 결과 안내
님께서는 2017년
다문화가족지원센터
직원 모집에 아쉽게도
불합격하셨습니다.
지원해 주셔서 감사합니다.
귀하의 앞날에 무궁한
발전이 있기를 기원합니다

바리스타 자격증 과정

근무 기간	바리스타 자격증 과정
모집 기간	20**.7.7.(금)~7.14.(금) 18:00
접수처	한우리 다문화가족지원센터 2층 사무실
교육 기간	20**.8.1.~12.23.
모집 인원	15명

① 게시판   ② 비상구   ③ 계단   ④ 키보드
⑤ 마우스 패드   ⑥ 꽃병

예문

- 지금 이 시간에는 길이 막힐 테니까 지하철로 가세요.
- 이번에는 꼭 붙을 테니까 걱정하지 마세요.

형태

－ㄹ 테니까	－을 테니까
막힐 테니까	붙을 테니까
갈 테니까	없을 테니까

오늘 눈이 올까요?

오후에 눈이 올 테니까 차는 가져가지 마세요.

활용　친구의 걱정이나 고민을 듣고 위로해 보세요.

	걱정, 고민	위로
1	면접 전형에서 또 떨어질까 봐 걱정이에요.	이번에는 꼭 붙다
2	새로 시작한 사업이 실패할까 봐 밤에 잠도 잘 안 와요.	성공하다
3	아이가 학교에서 적응을 못할까 봐 걱정이에요.	성격이 좋아서 금방 적응하다
4	이 선물이 마음에 안 들면 어떻게 하지요?	마음에 들다
5	다문화가족지원센터에서 취업 정보를 얻을 수 있을까요?	유용한 정보를 얻을 수 있다

가: 면접 전형에서 또 떨어질까 봐 걱정이에요.

나: 이번에는 꼭 붙을 테니까 걱정하지 마세요.

−(으)ㄹ걸 그랬다

준비❷

조리사 자격증이 있으면
학교 급식실에 취직할 수 있대요.

그래요? 작년에 조리사
자격증을 딸걸 그랬어요.
바빠서 시험을
못 봤거든요.

예문

■ 표를 미리 살걸 그랬어요.
■ 저녁을 일찍 먹을걸 그랬어요.

형태

−ㄹ걸 그랬다	−을걸 그랬다
갈걸 그랬다	받을걸 그랬다
볼걸 그랬다	먹을걸 그랬다

활용

무엇을 후회하고 있는지 말해 보세요.

	상황	이유	후회
1	음식을 싸 왔다	음식이 많이 남았다	조금만 시키다
2	기분이 안 좋다	면접시험에서 떨어졌다	준비를 철저히 하다
3	발표 준비를 아직 못 했다	집안일로 바빴다	미리 준비해 놓다
4	술을 많이 마셨다	기분 좋은 일이 있다	적당히 마시다
5	그 국수가 맛없다	국수가 따뜻하지 않다	다른 걸 주문하다

가: 음식을 싸 왔어요?

나: 네, 음식이 많이 남았거든요. 조금만 시킬걸 그랬어요.

5과 한국어 말하기 연습을 더 많이 할걸 그랬어요.

57

–았/었더라면

다문화가정과 함께하는 즐거운 한국어 중급 2

예문

- 병원에 갔더라면 금방 나았을 거예요.
- 과식을 안 했더라면 좋았을 텐데. 어제 너무 많이 먹었어요.

형태

–았더라면	–었더라면	했더라면
받았더라면	먹었더라면	전화했더라면
봤더라면	줬더라면	공부했더라면

회사를 옮긴 걸 후회해요?

과장 아미르

네, 회사를 옮기지 않았더라면 과장으로 승진했을 거예요.

활용

여러분의 인생에서 후회되는 일을 말해 보세요.

	인생에서 후회되는 일
친구	친구들과 자주 싸웠다. 그래서 친구가 많지 않다.
공부	대학생 때 열심히 공부하지 않았다. 그래서 장학금을 못 받았다.
저축	저축을 안 하고 돈을 다 썼다. 그래서 집을 장만할 수 없었다.
생활 습관	평소에 운동을 전혀 하지 않았다. 그래서 건강이 나빠졌다.
결혼	좋아하는 여자에게 프러포즈를 못 했다. 그래서 그 여자와 결혼을 못 했다.

친구들과 자주 싸운 일이 후회가 돼요.
친구들과 싸우지 않았더라면 친구가 많았을 거예요.

취업에 실패한 친구 위로하고 조언하기

Track 05-2

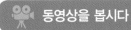 동영상을 봅시다   **엔젤 씨가 취업에 실패한 나트 씨의 고민을 듣고 조언을 해 줍니다.**

Movie 01

💬 나트 씨는 뭘 후회해요?

💬 엔젤 씨는 나트 씨에게 뭐라고 조언을 해요?

엔젤	왜 그래요? 무슨 일 있어요?
나트	방금 이메일로 면접 결과를 받았는데 또 불합격이에요.
엔젤	힘내세요. 포기하면 안 돼요.
나트	네. 고마워요. 서류 전형에서는 붙는데 계속 면접에서 떨어지네요.
	한국어 말하기 연습을 더 많이 할걸 그랬어요.
	말하기 연습을 열심히 했더라면 면접에 합격할 수 있었을 텐데.
엔젤	그럼 면접 연습을 해 보는 게 어때요? 먼저 예상 질문을 만드세요. 그리고 남편과 면접 연습을 해 보세요.
나트	그게 좋겠어요.
엔젤	이렇게 연습하면 다음 면접에서 꼭 붙을 테니까 너무 걱정하지 마세요.
나트	정말 고마워요. 엔젤 씨 덕분에 힘이 나네요.

발음
Track 05-3

- 받았는데[바단는데]
- 불합격[불합껵]
- 이렇게[이러케]

☐ 힘내다   ☐ 포기하다   ☐ 예상

사람1 • 취업에 실패한 사실을 말하고 후회되는 일을 말하세요.

사람2 • 취업에 실패한 친구를 위로하고 취업을 위한 조언을 하세요.

	사람1	사람2
	후회	조언
1	한국어 말하기 연습을 많이 안 했다	• 예상 질문을 만들다 • 남편과 면접 연습을 하다
2	컴퓨터 자격증을 따 놓지 않았다	• 컴퓨터 학원을 다니다 • 자격증을 따 놓다
3	경력이 부족하다	• 일자리를 적극적으로 알아보다 • 시간제 일을 해서 경력을 쌓다
4	✎	✎

표현

후회되는 일에 대해 말할 때	위로하고 조언을 할 때
• 한국어 말하기 연습을 더 많이 할걸 그랬어요. • 말하기 연습을 열심히 했더라면 면접에 합격할 수 있었을 텐데.	• 힘내세요. • 포기하지 마세요. • 꼭 합격할 거예요.

💡 엔젤 씨와 나트 씨가 이야기를 합니다. 다음을 잘 듣고 질문에 답하세요.　　　　Track 05-4 🎧

1. 나트 씨는 어디에 다녀왔어요?

　① 회사 면접　　　　　② 취업 박람회

2. 나트 씨는 뭘 후회해요?

　① 면접을 본 것을 후회해요.

　② 질문을 이해 못 한 것을 후회해요.

　③ 서류를 준비 안 한 것을 후회해요.

　④ 한국어 말하기 연습을 많이 안 한 것을 후회해요.

📖 읽어 봅시다

💡 면접 일정을 알리는 이메일입니다. 다음을 읽고 질문에 답하세요.

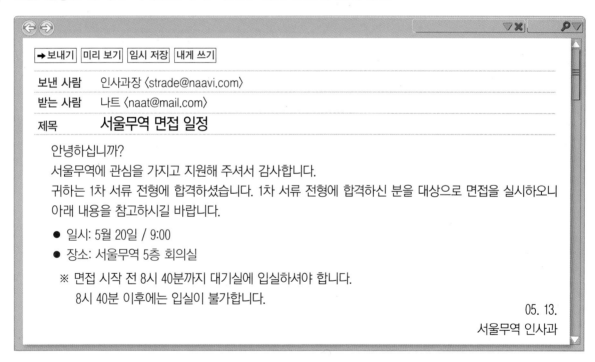

1. 인사과에서 나트 씨에게 왜 편지를 썼어요?

　① 취업을 축하하려고　　　② 면접 일정을 알려 주려고　　　③ 출근 날짜를 알려 주려고

2. 다음 중 맞는 것을 <u>모두</u> 고르세요.

　① 회의실은 5층에 있어요.　　　　　　② 8시 40분에 면접이 시작돼요.

　③ 이 사람은 1차 면접에 합격했어요.　　④ 이 사람은 5월 20일에 서울무역에 가야 해요.

1 여러분은 취업을 하려고 합니다. 사원 모집 공고문을 읽고 무엇이 궁금합니까?

2 여러분은 취업을 하려고 합니다. 사원 모집 공고문을 읽고 무엇이 궁금합니까?

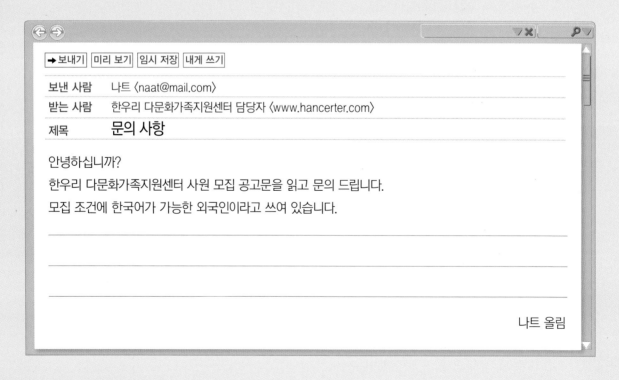

몰랐어요. 또 해서는 안 되는 것이 있어요?

🐻 여러분은 한국 사람들이 하면 안 된다고 한 행동에 대해 들어 본 적이 있어요?

'연인에게 구두를 선물하면 안 된다.', '결혼 날짜를 잡고 다른 사람의 결혼식에 가면 안 된다.' 이런 말들은 과학적인 근거가 있는 것은 아니지만, 한국 사람들이 주의하는 것들이에요.

숫자 4를 좋아하지 않아요.	붉은색으로 이름을 쓰지 않아요.	숟가락을 밥 위에 꽂지 않아요.
	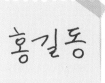	
건물이나 엘리베이터에 숫자 4 대신 F를 써요. 인천공항에도 4번, 44번 탑승구가 없어요. 4의 발음이 죽음을 뜻하는 한자의 사(死)와 같기 때문이에요.	죽은 사람의 이름을 붉은색으로 쓰는 경우가 많기 때문이에요. 사람이 죽으면 관 뚜껑도 붉은색 천으로 덮어요.	죽은 사람의 제사를 지낼 때 밥 위에 숟가락을 꽂기 때문이에요.

🐻 여러분 나라에는 어떤 금기가 있어요? 이유는 뭐예요?

	이런 금기가 있어요	왜 그래요?
나		
친구		

🐻 여러분은 한국에서 금기 때문에 당황한 적이 있어요? 어떤 일이에요?

	당황했던 일
나	인천공항에는 13번 탑승구가 없었어요.
친구	

동영상을 봅시다

6

그 회사에 합격하다니 정말 대단해요.

여러분은 어떤 회사에 취직하고 싶어요?

왜 그 회사에 취직하고 싶어요?

그 회사에 취직하려면 무엇을 준비해야 돼요?

따라 하세요

Track 06-1

• 취직했다면서요?

• 합격 비결 좀 가르쳐 주세요.

• 좋은 정보 고마워요.

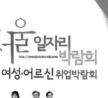

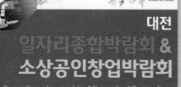

❶ 면접관   ❷ 수험표   ❸ 지원자
❹ 창업   ❺ 취업 박람회

예문

- 커피 한 잔이 이렇게 비싸다니!
- 이런 위험한 상황에서 사람을 돕다니 정말 용감한 사람이군요.

형태

−다니
비싸다니
먹다니

토픽 시험 5급을 받다니 정말 대단해요.

저, 토픽 시험을 봤는데 5급 받았어요.

활용

친구에게 자랑해 보세요. 다른 친구는 자랑을 듣고 감탄하는 맞장구를 쳐 주세요.

1) 한식 요리사 자격증을 따다

2) 말하기 대회에서 1등을 하다

3) 국적을 취득하다

4) 다이어트에 성공하다

5) 담배(를) 끊다

6) 공무원 시험에 합격하다

가: 한식 요리사 자격증을 땄어요.

나: 한식 요리사 자격증을 따다니 정말 대단해요.

-(으)ㄴ 대로, 대로

맛있어요. 한국 요리도 잘 하네요.

요리 방송에서 본 대로 만들어 봤는데 괜찮아요?

예문

- 본 대로 이야기해 주세요.
- 그래, 약속대로 자전거 사 줄게.

형태

-ㄴ 대로	-은 대로	대로
배운 대로	읽은 대로	약속대로
본 대로	들은 대로	설명서대로

활용 다른 친구들에게 자신의 비법을 소개해 주세요.

외국어 공부

금연

토픽 시험

국적 취득 시험

한국 요리

한국어 발음

여러분, 한국어를 잘하고 싶으세요?
제가 말하는 대로/알려 드린 대로 한번
해 보세요. 외국어를 잘하려면 자신감이
필요해요. 그래서 저는 …….

-(으)ㄹ 뿐이다

예문

- 저는 응원만 할 뿐이에요.
- 대답은 안 하고 말없이 웃을 뿐이었다.

형태

-ㄹ 뿐이다	-을 뿐이다
기쁠 뿐이다	작을 뿐이다
만날 뿐이다	웃을 뿐이다

활용

친구 이야기를 듣고 자신의 기분을 표현해 보세요.

죄송하다	감사하다	기쁘다
아쉽다	부럽다	긴장되다

혼자 여행 가서 미안해요.

왜 자꾸 수업에 늦어요?

작은 선물이에요. 기쁘게 받아 주세요.

윌슨 씨가 고향으로 돌아간대요.

내일 인터뷰 자신 있죠?

가: 저만 혼자 여행가서 미안해요.

나: 아니에요. 부러울 뿐이에요. 잘 다녀오세요.

Track 06-2

🎥 **동영상을 봅시다**　　엔젤 씨가 취직한 친구를 축하해 줍니다.

💬 에디 씨가 회사에 합격한 비결이 뭐예요?

💬 에디 씨가 합격한 회사에서 중요하게 평가하는 것은 뭐예요?

Movie 01

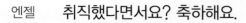

엔젤	취직했다면서요? 축하해요.
에디	네, 고마워요.
엔젤	그 회사에 합격하다니 정말 대단해요.
에디	별말씀을요. 저는 열심히 한국어 공부를 했을 뿐인데….
엔젤	합격 비결 좀 가르쳐 주세요. 제 동생도 그 회사에 들어가고 싶어 해요.
에디	합격 비결요? 계획을 세우고 계획한 대로 1년 동안 열심히 했더니 좋은 결과를 얻은 거 같아요.
엔젤	그렇군요. 그 회사에서 가장 중요하게 평가하는 게 뭐예요?
에디	외국어 능력과 다양한 경험을 중요하게 평가하는 것 같아요.
엔젤	좋은 정보 고마워요.

발음　　Track 06-3

• 합격하다니[합껴카다니]
• 평가하는[평까하는]

☐ 별말씀을요　　☐ 비결　　☐ 얻다　　☐ 평가하다

| 사람1 | •합격을 축하하고 합격 비결을 물으세요. | 사람2 | •축하 인사를 받고 합격 비결을 말하세요. |

	사람1	사람2
	합격 관련 정보를 묻는 사람	합격 관련 정보를 주는 사람
1	• 합격 비결 • 회사에서 중요하게 평가하는 것	• 1년 동안 열심히 함 • 외국어 능력과 다양한 경험
2	• 합격 비법 • 입사에 꼭 필요한 조건	• 2년 동안 꾸준히 준비함 • 외국 근무가 가능해야 함
3	• 취업 준비 방법 • 필요한 스펙	• 그룹 스터디를 함 • 자격증이 있어야 함
4	🖋	🖋
5	🖋	🖋

표현

합격을 축하할 때	합격 축하를 받을 때
• 합격 축하해요. • 합격을 진심으로 축하드립니다. • 정말 기쁘시겠어요. • 그 회사에 합격하다니 대단하네요.	• 감사합니다. • 축하해 주셔서 감사합니다. • 별말씀을요. • 운이 좋았나 봐요.

💡 두 사람이 취직하고 싶은 회사에 대해서 이야기합니다. 다음을 잘 듣고 질문에 답하세요.　　　　　　　Track 06-4

　1. 남자는 왜 취업 박람회에 가요?

　2. 다음 중 맞는 것을 고르세요.

　　① 남자는 월급을 제일 중요하게 생각해요.

　　② 여자는 복지가 좋은 회사에 취직하고 싶어 해요.

　　③ 남자가 다니는 회사는 월급은 적지만 휴가가 많아요.

　　④ 여자는 여성 차별이 있는 회사가 싫어서 이직하려고 해요.

💡 회사에 면접시험을 보러 갑니다. 다음 질문에 답하세요.

・왜 우리 회사에 지원했습니까?

・우리 회사에서 이루고 싶은 꿈이 무엇입니까?

・자신의 장점과 단점을 말해 주십시오.

1 다음은 한국 기업의 입사 지원서입니다. 입사 지원서를 쓰세요.

입 사 지 원 서

사 진	성명		연락처		지원 구분	희망 부서	희망 연봉
	한글 : 한자 : 영문 :		H.P : ☎ : E-mail :		신입/경력		
	주소(현 거주지)		(우편번호 : –)				

학 력 사 항						
입학일	졸업(예정)일	학교명	전공/부전공	학점	졸업 여부	
. . .	. . .	고등학교	/	/		
. . .	. . .	전문대	/	/		
. . .	. . .	대학교	/	/		
. . .	. . .	대학원	/	/		

경 력 사 항				연 수 사 항		
기 간	회사명	직위	업무 내용	기간	연수 기관	연수 내용
~				~		
~				~		
~				~		

자 격 · 면 허		외 국 어			컴 퓨 터	
종류	취득일자	시험명	기간명	회화 수준	프로그램	수준
	. .			상/중/하		상/중/하
	. .			상/중/하		상/중/하
	. .			상/중/하		상/중/하

선물에 이런 뜻이 있다니!

🎁 여러분은 시험을 앞둔 사람에게 선물을 한 적이 있어요?

한국에서는 시험을 앞둔 사람에게 합격을 기원하는 선물을 해요. 전통적인 합격 기원 선물은 엿이나 찹쌀떡이었어요. 하지만 시대의 변화에 따라 선물도 많이 바뀌었어요. 요즘은 시험을 잘 보라는 의미로 거울을, 족집게처럼 정답을 잘 고르라는 의미로 족집게를 선물하기도 해요. 시험 합격을 바라는 사람들의 마음과 재미가 느껴지는 선물이지요?

술술술~ 풀려라~

이런 것은 하지 않아요	이런 것을 선물해요

 미역국을 먹다   죽을 쑤다

미역이 미끄럽기 때문에 미역국을 먹으면 시험에 떨어진다고 생각하기 때문이에요.

'죽을 쑤다'는 '죽을 끓이다'의 의미 외에 '어떤 일을 제대로 못하여 망치다'의 의미도 있기 때문에 죽을 먹지 않아요.

 엿

 찹쌀떡

'시험에 합격하다'는 '시험에 붙다'와 같은 의미예요. 엿이나 찹쌀떡이 잘 달라붙기 때문에 이것을 먹으면 시험에 합격한다고 생각하기 때문이에요. 엿이나 찹쌀떡처럼 한 번에 '척' 붙으라는 의미예요.

 휴지

술술 잘 풀리는 휴지처럼 문제를 잘 풀라는 의미예요.

 도끼와 포크

도끼로 나무를 찍듯이, 포크로 음식물을 찍듯이 모르는 문제는 찍으라는 의미예요.

🎎 여러분 나라의 사람들은 시험을 앞두고 있을 때 하거나 하지 않는 행동이 있어요?

	하는 행동 / 하지 않는 행동
나	
친구	

🎎 여러분 나라의 사람들은 시험을 앞둔 사람에게 어떤 선물을 해요? 의미는 뭐예요?

	선물	의미
나		
친구		

동영상을 봅시다

움직이지 말고
쉬게 하세요.

여기는 어디예요?

엔젤 씨와 사만나는 여기에 왜 왔어요?

여기에서 무엇을 해요?

따라 하세요

Track 07-1

• 지혈을 했는데도 피가 계속 많이
  나요.

• 걱정했는데 정말 다행이네요.

• 움직이지 말고 쉬게 하세요.

❶ 응급실   ❷ 환자   ❸ 의사
❹ 엑스레이   ❺ 주사

예문

- 선생님이 학생들에게 새 어휘를 외우게 했어요.
- 우리 부모님은 나에게 매일 책을 읽게 했어요.

형태

-게 하다
쉬게 하다
먹게 하다

활용

어렸을 때 부모님이 여러분에게 무엇을 시켰어요? 그리고 그 일로 지금은 어떤 습관이나 생각을 가지고 있어요?

	질문	부모님이 여러분에게 하게 한 일	현재의 습관이나 생각
1	운동	매일 운동하다	매일 30분씩 운동하다
2	아침 식사	아침 식사를 꼭 하다	아침은 꼭 먹다
3	귀가 시간	밤 10시까지 집에 들어오다	요즘 밤 12시에 들어가다
4	약속	약속을 잘 지키다	지금 약속이 가장 중요하다고 생각하다

가: 운동을 자주 해요?

나: 네, 어렸을 때 부모님이 매일 운동을 하게 하셨어요.

　　지금도 매일 30분씩 운동해요.

활용 기대한 것보다 좋지 않은 결과가 나온 적이 있어요? 이야기해 보세요.

	질문	알고 싶은 내용	좋지 않은 결과
1	면접 결과	열심히 준비하다	면접 결과가 좋지 않다
2	감기	감기약을 먹다	감기가 낫지 않다
3	생일 파티 음식	음식을 많이 만들다	음식이 모자라다
4	시험	한국어 어휘를 열심히 외우다	시험 볼 때 생각이 안 나다

가: 면접 결과(가) 어떻게 됐어요?

나: 열심히 준비했는데도 면접 결과가 좋지 않아요.

예문

- 열심히 준비한 결과 취업에 성공했어요.
- 여러 번의 수술을 받은 결과 완전히 나았어요.

형태

-ㄴ 결과	-은 결과
꾸준히 저축한 결과	치료를 받은 결과
한 달을 기다린 결과	사고의 원인을 찾은 결과

선생님, 검사가 잘 끝났어요?

네, 검사를 한 결과 정상으로 나왔습니다.

활용 어떤 일이 일어난 후의 결과에 대해 묻고 답해 보세요.

	궁금한 것	행위	결과
1	시험 결과	열심히 노력하다	시험에 합격하다
2	수술	수술을 성공적으로 마치다	곧 퇴원할 수 있다
3	두통	두통약을 먹다	통증이 없어지다
4	다문화 행사	많은 사람들이 참여하다	성공적으로 진행되다

가: 시험 결과(가) 어떻게 됐어요?

나: 열심히 노력한 결과 시험에 합격했어요.

증상과 치료 방법에 대해 이야기하기　　

🎥 **동영상을 봅시다**　　엔젤 씨가 응급실에서 의사와 이야기합니다.

Movie 01

💬 엔젤 씨는 응급실에 왜
　　갔어요?

💬 의사는 엔젤 씨에게 무엇을
　　이야기했어요?

엔젤	선생님, 저희 아이가 놀이터에서 놀다가 떨어졌어요.
	지혈을 했는데도 피가 계속 많이 나요.
의사	잠시 환자 좀 보겠습니다.
(진찰 후)	
의사	코 안이 찢어졌네요.
	검사를 한 결과 다행히 뼈에는 문제가 없습니다.
엔젤	아, 걱정했는데 정말 다행이네요.
의사	찢어진 곳을 간단하게 꿰매야 합니다.
엔젤	선생님, 그럼 입원해야 될까요?
의사	아니요, 수술 후 집에서 움직이지 말고 쉬게 하세요.
엔젤	네, 알겠습니다.

발음　　Track 07-3

- 떨어졌어요[떠러저써요]
- 찢어졌네요[찌저전네요]
- 입원[이뭔]

☐ 다행히　　　☐ 움직이다

대화해 봅시다

사람1 • 응급 상황에 놓여 있습니다. 현재 상황과 증상을 설명하세요.

사람2 • 의사입니다. 진찰 결과를 말하고 처방이나 주의할 것에 대해 말하십시오.

	사람1		사람2	
	증상	시도한 일 → 결과	검사 결과	처방
1	코에서 피가 나다	지혈을 하다 → 피가 많이 나다	뼈에는 이상 없다	찢어진 곳을 꿰매다
2	열이 나다	해열제를 먹이다 → 열이 내리지 않다	폐렴은 아니다	해열 주사를 맞다
3	체하다	소화제를 먹이다 → 계속 토하다	장염은 아니다	수액을 맞다
4	✎		✎	

표현

응급 상황이나 증상을 설명할 때	처방이나 주의할 점을 알려줄 때
• 코에서 피가 나는데 어떻게 하면 좋아요? • 약을 먹었는데도 낫지 않아요.	• 푹 쉬게 하세요. • 엑스레이를 찍어 봅시다. • 피 검사를 해 봅시다.

💡 남자와 여자가 이야기를 합니다. 다음을 잘 듣고 질문에 답하세요.　　　　Track 07-4 🎧

1. 여기는 어디예요?

① 식당　　　　　　　　② 병원　　　　　　　　③ 미용실

2. 다음 중 맞는 것을 고르세요.

① 남자는 아이가 아파서 걱정을 해요.

② 남자는 열이 많이 나서 병원에 갔어요.

③ 남자는 지금 의사 선생님과 이야기를 해요.

📖 읽어 봅시다

💡 정보 검색 서비스에서 어떤 정보를 찾을 수 있는지 읽어 보세요.

응급실 찾기

응급실 정보 검색 서비스입니다.

일반	지도

⬇ 검색 결과 다운로드

경기도 ▽	구군 선택 ▽	동 선택 ▽

병원명을 입력하세요	검색

출처
http://www.e-gen.or.kr/egen/search_emergency_room.do?searchType=general&lat=&lon=&sidoCode=41&gugunCode=&dongCode=&loca=21&emogdstr=&addrhosp=&emogdesc=

1. 맞으면 ◯, 틀리면 ✕ 하세요.

① 쇼핑을 위해 필요한 정보를 찾아요. (　　)　　② 지역별로 응급실이 있는 곳을 알 수 있어요. (　　)

2. 다음 중 맞는 것을 고르세요.

① 응급실의 진료 시간은 항상 같아요.　　　　② 병원을 검색한 후 바로 방문하면 돼요.

③ 병원 이름으로는 정보를 검색할 수 없어요.　　④ 정보를 검색한 후 다운로드를 할 수 있어요.

1 다음 그림을 보고 어떤 상황인지 친구와 함께 이야기해 보세요. 이때 어떻게 하는 것이 좋을지 의견을 나누어 보세요.

1)

2)

3)

4)

5)

6)

[참고] 증상 관련 어휘				
소화가 안되다	체하다	열이 나다	기침을 하다	독감에 걸리다
빈혈이 있다	두통이 있다	칼에 베이다	피가 나다	출혈이 있다

무료로 119를 이용할 수 있어요?

여러분은 긴급 신고 전화를 한 적이 있어요? 무슨 일이었어요?

사고는 예고 없이 찾아오기 때문에 언제든지 응급 상황이 발생할 수 있어요. 응급 상황에서 얼마나 잘 대처하느냐에 따라 사람의 운명이 달라질 수도 있기 때문에 올바른 대처법을 익혀 놓는 것은 굉장히 중요해요.

자신과 가족, 더 나아가서는 다른 사람들의 생명을 지킬 수 있는 응급 대처법을 기억해 두세요. 소방서의 119 구급대는 전국 어느 곳에서나 무료예요.

119 구급 신고할 때는	119 구급 신고 후에는	청각 장애인이거나 음성 통화가 불가능할 때는
119입니다. 무슨 일이세요? **119 종합 상황실**		 문자 음성 통화가 곤란한 상황 전화 불통 지역에서 119 신고 전화 불통지역에서 119 신고 가능
• 장소가 어딘지 • 어디가 아픈지 • 의식과 호흡이 있는지 • 지병과 먹고 있는 약이 있는지 • 신고자의 이름과 연락처를 꼭 알려 주세요.	구급차가 도착할 때까지 통화를 하면서 의료 지도를 받고 침착하게 응급 처치를 하면서 구급차를 기다리세요. ※ 집 전화보다는 휴대 전화로 신고하세요.	위치나 사고 내용을 문자로 보내세요.  영상 통화 청각 장애인, 외국인에게 유용 정확한 현장 상황 전달 수화 또는 신고 내용을 종이에 적어 119 신고 가능 수화 또는 글씨를 적어서 화면에 비추세요.

여러분 나라에서는 응급 상황이 발생했을 때 어디로, 어떻게 연락해요? 어떤 도움을 받을 수 있어요?

	연락하는 곳	의미
나		
친구		

8

가족관계증명서 발급 방법에 대해 물어보려고요.

여러분은 주민 센터에 간 적이 있어요? 거기에서 뭘 했어요?

한국에서 아이 출생 신고를 한 적이 있어요? 신청할 때 필요한 준비물은 뭐예요?

여러분은 아이행복카드를 신청해서 사용하고 있어요? 이 카드를 이용하면 어떤 점이 좋아요?

따라 하세요

Track 08-1

- 가족관계증명서 발급 방법에 대해 물어보려고요.
- 제가 한국어가 서툴러서 설명을 봐도 잘 모르겠어요.
- 가족관계증명서를 떼러 왔어요.

출생 신고

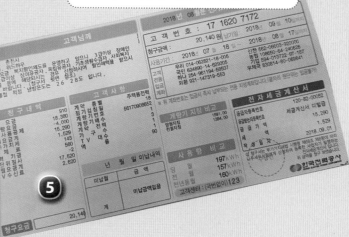

❶ 번호표   ❷ 가족관계증명서   ❸ 신분증

❹ 출생증명서   ❺ 전기 요금 고지서

아파트 바자회에서 유아용품과 도서를 팔기로 했대요.

그런데 주민들 의견에 따라 판매 품목이 변경될 수도 있대요.

예문

- 회사에 따라 임금과 복지에 차이가 있어요.
- 계절에 따라서 먹는 음식이 달라요.

형태

에 따라(서)
문화에 따라(서)
성격에 따라(서)

활용 기준에 따라 무엇이 달라지는지 이야기해 보세요.

	질문	기준	변화
1	출산 장려금은 누구나 같다	사는 지역	출산 장려금이 다르다
2	사과는 보통 천 원 정도 하다	품질	가격이 결정되다
3	김치는 배추김치만 있다	재료	김치 종류가 달라지다
4	그 학원은 반을 어떻게 나누다	시험 성적	반을 나누다

출산 장려금은 누구나 같아요?

사는 지역에 따라 출산 장려금이 달라요.

~에 대해(서), ~에 대한 준비②

아이행복카드에 대해서 들어 봤어요?

그럼요, 아이 출생 신고할 때 같이 신청했어요. 아이행복카드에 대한 정보가 필요하면 알려 줄게요.

예문
- 엄마들이 모이면 육아에 대한 이야기를 많이 해요.
- 오늘은 행복에 대해서 이야기해 봅시다.

형태

에 대해(서)	에 대한
영화에 대해(서)	물가에 대한
한글에 대해(서)	교통에 대한

활용

발표 주제에 대해 이야기해 보세요.

	발표 주제	선정 이유
1	세종 대왕	한글을 만들게 된 목적
2	한국 드라마	한국 드라마가 인기 있는 이유
3	지역별 복지 혜택	지역마다 다른 복지 혜택
4	초등학교 행사	엄마들이 준비해야 되는 것

말하기 발표 주제 정했어요?

세종 대왕에 대한 발표를 할 거예요. 한글을 만들게 된 목적에 대해서 알려 주고 싶거든요.

–아/어서인지

예문

- 머리가 좋아서인지 뭐든지 빨리 배우더라고요.
- 밥을 먹어서인지 계속 졸려요.

형태

–아서인지	–어서인지	해서인지
비싸서 인지	예뻐서 인지	필요해서 인지
받아서 인지	먹어서 인지	잘해서 인지

감기 기운이 있어서인지 머리도 아프고 좀 춥네요.

빨리 집에 가서 푹 쉬는 게 좋겠어요.

활용 질문을 듣고 왜 그런지 추측해서 이야기해 보세요.

	질문	불확실한 이유
1	사만나는 이번 시험 잘 봤어요?	시험이 어렵다 / 잘 못 본 것 같다
2	요즘 토니 씨와 연락이 돼요?	회사 일이 바쁘다 / 통 소식이 없다
3	유진 씨는 도착했지요?	길이 막히다 / 아직 도착 못 하다
4	모아나 씨도 간대요?	등산을 싫어하다 / 안 간다고 하다

사만나는 이번 시험 잘 봤어요?

아니요, 시험이 어려워서인지 잘 못 본 것 같아요.

주민 센터에서 증명서 발급 받기

과제

Track 08-2

동영상을 봅시다 나트 씨가 주민 센터에 가서 가족관계증명서 발급 신청을 합니다.

- 주민 센터에 가면 제일 먼저 무엇을 해야 돼요?
- 가족관계증명서를 발급 받을 때 무엇이 필요해요?

나트	저, 가족관계증명서 발급 방법에 대해 물어보려고요. 제가 한국어가 서툴러서 설명을 봐도 잘 모르겠어요.
도우미	먼저 번호표를 뽑고 기다리세요. 순서가 되면 창구로 가세요. 직원의 설명에 따라 하시면 됩니다.
나트	아, 알겠습니다.
직원	안녕하세요? 무슨 일로 오셨어요?
나트	가족관계증명서를 떼러 왔어요.
직원	신분증 가지고 오셨지요? 좀 보여 주세요.
나트	네, 여기 있어요.
직원	몇 통 필요하세요?
나트	한 통요.
직원	잠시만 기다리세요. 여기요, 수수료는 천 원이에요.

발음 Track 08-3

- 무슨 일[무슨닐]
- 신분증[신분쯩]

☐ 발급 ☐ 서투르다 ☐ 번호표 ☐ 뽑다 ☐ 창구

사람1	• 주민 센터에서 서류를 신청하는 사람입니다. 필요한 서류를 신청하세요.

사람2	• 주민 센터 직원입니다. 증명서를 발급해 주세요.

	신청자	주민 센터 직원
1	가족관계증명서 – 한 통	신분증, 수수료 1,000원
2	혼인관계증명서 – 한 통	신분증, 수수료 1,000원
3	주민등록등본 – 세 통	신분증, 수수료 1,200원(1장에 400원)
4	🖉	🖉

표현

필요한 서류를 신청할 때	주민 센터에서 안내할 때
• 가족관계증명서 발급 방법에 대해 물어보려고요. • 혼인관계증명서를 떼려면 어떻게 해야 돼요? • 주민등록등본을 떼러 왔는데 어떻게 하면 돼요?	• 먼저 번호표를 뽑고 기다리세요. • 저기 민원 창구로 가시면 돼요. • 수수료는 천 원이에요.

자가 씨가 나트 씨에게 출생 신고에 대해 물어봅니다. 다음을 잘 듣고 질문에 답하세요.　Track 08-4

　1) 출생 신고 때 필요한 준비물로 맞는 것을 고르세요.

　　① 통장, 신분증　　　　　　　　　② 출생증명서, 신분증

　　③ 출생증명서, 혼인관계증명서　　　④ 가족관계증명서, 통장

　2) 다음 중 맞는 것을 고르세요.

　　① 출생 신고는 천천히 해도 돼요.　　② 출산 장려금은 사는 곳마다 달라요.

　　③ 나라에서 아이가 있는 집은 모두 양육 수당을 줘요.　　④ 양육 수당과 전기 요금 할인은 둘째부터 받을 수 있어요.

읽어 봅시다

'출산 가구 전기 요금 지원 제도' 안내입니다. 안내문을 읽고 다음 질문에 답하세요.

출산 가구 전기 요금 지원 제도

대상
- 출산 등으로 주민 등록 출생일로부터 1년 미만 영아가 1인 이상 포함된 가구
- 18년 12월 1일 이후 출생한 영아에 대해 적용

요금 적용
- 월 전기 요금 30% 할인(월 16,000원 한도)
- 신청일이 속하는 월부터 1년간 할인 적용함.
  다만, 출생일로부터 1년을 경과하여 신청할 경우 출생일로부터 2년까지 남은 기간에 대해 할인 적용함.

신청 문의
- 고객 센터 (국번 없이 ☎ 123)
- 관할 한전 지사 또는 사이버 지점(cyber.kepco.co.kr)

1. 전기 요금 지원 대상으로 맞는 것을 고르세요.

　① 15년에 태어난 아이가 있는 가족　　　② 출산 후 3년이 지난 아이가 있는 가족

　③ 16년 11월에 태어난 아이가 있는 가족　④ 태어난 지 1년이 되지 않은 아이가 있는 가족

2. 위의 내용을 읽고 한 일로 맞는 것을 고르세요.

　① 궁금한 것이 있어서 주민 센터에 전화했어요.

　② 신청한 달부터 1년 동안 전기 요금을 할인받았어요.

　③ 전기 요금 10만 원 중 30%인 30,000원을 할인받았어요.

　④ 출산 후 1년이 지나서 전기 요금 지원 신청을 할 수 없었어요.

1 '출생 신고 안내 사항'을 읽고 다음 질문에 답하세요.

출생 신고 안내 사항

■ 가정 양육 수당

지원 대상	지원 내역		비고
어린이집, 유치원, 아이돌봄 (종일제) 서비스를 이용하지 않는 만 0~5세 가정 양육 아동으로 국적과 주민 등록 번호를 유효하게 보유하고 있는 자	0~11개월	20만 원	*지급일 : 매월 25일경 *아동 출생 후 2개월(출생일 포함 60일) 이내에 양육 수당을 신청하는 경우에는 출생일로 소급하여 지원 *어린이집 이용 시에는 보육료로 변경 신청 필요
	12~23개월	15만 원	
	24~35개월	10만 원	
	36~84개월 미만	10만 원	

■ 출산 장려금

구분	지원 대상 및 금액(단위: 천 원)					지원 기간	지급 기준
	첫째 아이	둘째 아이	셋째 아이	넷째 아이	다섯째 이상		
용인시	없음	없음	1,000	2,000	3,000	1회	출생일 기준으로 부모 중 1명이 6개월 이상 관내 거주
안산시	없음	500	1,000	3,000	5,000	1회	출생일 기준으로 부모 중 1명이 관내에 주민 등록을 두고 6개월 이상 거주

1. 어린이집에 보내는 아이가 있어요. 가정 양육 수당을 받을 수 있어요?

2. 가정 양육 수당은 언제까지 신청해야 돼요?

3. 출산 장려금은 모든 지역이 같은 금액을 받아요?

아이 이름은 어떻게 지어요?

🎎 여러분의 이름은 누가 지었어요? 이름에 무슨 뜻이 있어요?

올해 태어나는 우리 아이 이름, 뭐가 좋을까?

수수께끼 하나! "내 것이지만 다른 사람이 더 많이 쓰는 것은?" 바로 '이름'이에요. 아이가 태어나면 아이에 대한 장래 희망과 기원을 담아서 이름을 지어요. 이름 짓는 것을 작명이라고 해요. 작명에도 유행이 있어서 시대별로 많이 지어진 이름이 있어요.

예전에는	요즘은

세종 대왕

첫째 방우, 둘째 방과, 셋째 방의, 넷째 방간, **다섯째 방원,** 여섯째 방연, 일곱째 방번, 여덟째 방석

※ 세종 대왕의 아버지가 바로 방원이에요.

집안 어른들이 집안 돌림자에 따라 짓는 것이 보통이었어요. 특히 남자들은 대개가 돌림자를 따랐어요.

시기별 대표 이름을 보면 1940년대는 영수 · 영자, 1950년대는 영수 · 영숙, 1960년대는 영수 · 미숙, 1970년대는 정훈 · 은주, 1980년대는 지훈 · 지혜, 1990년대는 지훈 · 유진으로 나타났어요.

2017년 인기 이름
선호하는 이름 순위(출생자 기준)

1위: 하윤(12.47%)
2위: 서윤(11.91%)
3위: 서연(10.55%)
4위: 하은(10.15%)
5위: 지유(9.98%)

1위: 도윤(12.19%)
2위: 하준(12.17%)
3위: 서준(11.02%)
4위: 서우(10.42%)
5위: 민준(10.26%)

요즘은 아이의 이름을 부모가 많이 짓는데 돌림자를 꼭 따르지는 않아요. 2010년대에 가장 인기 있었던 이름은 민준·서연이에요. 2017년 대법원이 발표한 자료에 따르면 선호하는 출생자 이름 중 여아는 '하윤', 남아는 '도윤'이에요.

우리말 이름도 인기가 많은데 가장 많은 이름은 한결(남)·사랑(여)이에요.

🎎 여러분 나라에도 시대별로 유행하는 이름이 있어요? 어떤 글자가 많이 들어가요?

	유행하는 이름
나	
친구	

🎎 여러분은 아이의 이름을 누가 지었어요? 어떤 뜻이에요?

	아이의 이름	담긴 뜻
나		
친구		

엔나　　2000　2000　카[
페라테　2800　3300
바닐라라테　3300　3800
녹차라테　3300　3800

문제가 해결되지 않는 한 더 이상 일을 못 해요.

한국에서 직장 생활을 해 본 적이 있어요?

한국에서 일할 때 문제가 있었나요?

직장 생활에 문제가 있으면 어떻게 해요?

따라 하세요

Track 09-1

- 월급이 두 달째 밀렸잖아요.
- 그럼 한 달 월급이라도 내일까지 입금해 주세요.
- 문제가 해결되지 않는 한 더 이상 일을 못 해요.

인 노 동 자 지 원 센 터 ❸

상담실

❶ 달력　❷ 통장　❸ 외국인노동자지원센터

–잖아요

예문

- 백화점은 물건 값이 비싸잖아요.
- 한국은 김치의 종류가 많잖아요.

형태

–잖아요
가잖아요
없잖아요

왜 일을 그만두려고 해요?

5월 월급 ✕   6월 월급 ✕

월급이 두 달째 밀렸잖아요.

활용 다음을 알맞게 연결하고 친구와 이야기해 보세요.

질문	대답

1. 김밥 시킬까요? •   • 집에서 너무 멀다

2. 왜 일을 그만뒀어요? •   • 어제도 김밥을 먹다 / 오늘은 비빔밥을 먹다

3. 왜 직장을 옮기려고 해요? • • 월급을 제날짜에 안 주다

4. 택시 탈까요? •   • 길이 막히다 / 지하철을 타다

가: 김밥 시킬까요?

나: 어제도 김밥을 먹었잖아요. 오늘은 비빔밥을 먹읍시다.

예문
- 친구라도 예의를 지켜야 해요.
- 휴일이라도 쉬지 못해요.

형태

라도	이라도
저라도	물이라도
친구라도	외국인이라도

활용 친구와 이야기해 보세요.

물	신입	지금	초보

	질문	대답
1	지금 전화하면 늦다	지금
2	김밥은 만들기 쉽다	
3	경력이 있어야 그 일을 할 수 있다	
4	지금 마실 게 물밖에 없는데 괜찮다	

가: 지금 전화하면 늦을까요?

나: 아니요, 괜찮아요. 지금이라도 해 보세요.

돋보기
- 늦게라도 (부사어 뒤)
- 늦게라도 괜찮으니까 꼭 전화하세요.
- 조금이라도 드셔 보세요.

예문

- 노력하는 한 꼭 성공할 거예요.
- 친구랑 같이 있는 한 힘들지 않아요.

형태

–는 한
노력하는 한
듣는 한

한국어를 잘하는데 열심히 공부하네요!

한국에서 사는 한 계속 공부해야죠.

활용	친구하고 이야기해 보세요.

	걱정	조언하기
1	건강이 나빠지는 것 같다	담배를 줄이지 않다 / 건강이 좋아지지 않다
2	일할 때 자꾸 실수하다	조심하려고 노력하지 않다 / 실수가 줄어들지 않다
3	약 먹는 것을 자꾸 잊어버리다	꾸준히 먹지 않다 / 효과가 없다
4	회사에서 승진하고 싶다	열심히 노력하다 / 꼭 승진할 수 있다

가: 건강이 나빠지는 것 같아요.

나: 담배를 줄이지 않는 한 건강이 좋아지지 않아요.

부당한 대우에 대해 항의하기

Track 09-2

🎥 **동영상을 봅시다**

자가 씨가 커피숍 사장에게 부당한 대우에 대해서 항의합니다.

Movie 01

💬 자가 씨가 어떤 문제에 대해서 이야기하고 있어요?

💬 자가 씨가 커피숍 사장에게 뭐라고 했어요?

자가   사장님, 저 이번 주까지만 일하고 그만두려고 해요.

사장   왜 갑자기 그만두려고 해요?

자가   월급이 두 달째 밀렸잖아요.

사장   임금 문제를 해결할 테니까 조금만 기다려줘요.

자가   그럼, 한 달 월급이라도 내일까지 입금해 주세요.

사장   내일까지는 힘들고 가능한 한 빨리 넣어 줄게요.

자가   내일까지 문제가 해결되지 않는 한 더 이상 일을 못 해요.
       제가 이 문제를 여러 번 말씀드렸잖아요. 제 상황도 이해해 주세요.

발음	Track 09-3

- 밀렸잖아요[밀렫짜나요]
- 넣어 줄게요[너어줄께요]

사람1 • 직원입니다. 일에 대한 불만을 이야기하세요.

사람2 • 사장입니다. 직원 불만을 듣고 해결 방법을 말하세요.

	항의 상황	직원	사장
1	월급이 두 달째 밀리다	한 달 월급이라도 내일까지 입금하다	임금 문제를 해결하다
2	휴식 시간이 너무 부족하다	내일부터 휴식 시간을 늘리다	교대 시간을 조정해 보다
3	계약서대로 안 하다	내일 당장 이행하다	계약서를 확인하고 그대로 이행하다
4			

표현

일에 대한 불만을 말할 때	일에 대한 불만을 듣고 사정을 설명할 때
• 언제까지 기다려야 하나요? • 여러 번 말씀드렸잖아요. • 내일까지 문제가 해결되지 않는 한 일할 수 없어요.	• 문제를 해결할 테니까 조금만 기다려줘요. • 조금만 더 기다려주세요. 가능한 한 빨리 해결할게요. • 노력하고 있으니 양해해 주세요.

💡 자가 씨가 외국인노동자지원센터 직원하고 이야기합니다. 다음을 잘 듣고 질문에 답하세요.   Track 09-4

1. 다음 중 맞지 <u>않는</u> 것을 고르세요.

① 자가 씨는 커피숍에서 일하고 있어요.

② 자가 씨가 일하고 돈을 못 받아서 걱정해요.

③ 고용노동부에 직접 가야 정보를 알 수 있어요.

④ 노동법에 따라 외국인도 도움을 받을 수 있어요.

2. 자가 씨가 고용노동부에 가기 전에 무엇을 준비하면 도움이 돼요?

_____

💡 한국에 살면서 어떤 문제가 있었어요? 그 문제를 어떻게 해결했어요? 친구들과 함께 이야기해 보세요.

이름	불만 상황	해결 방법
친구1	야근을 자주 시켜요.	
친구2		
친구3		

1 다음은 외국인근로자지원센터의 상담 글입니다. 다음을 읽고 질문에 답하세요.

> **Q** 제목: 퇴직금을 받지 못했어요.
>
> ID: nubimimi
>
> 저는 경기도에 있는 공장에서 1년 2개월 동안 일했어요. 다른 도시로 이사를 가게 되어서 공장을 그만두게 됐어요. 보통 회사를 그만두면 퇴직금을 받을 수 있잖아요. 한국 친구가 한국에서는 5인 이상 일하는 회사에서 1년 이상 일하면 퇴직금을 받을 수 있대요. 그리고 외국인이라도 퇴직금을 받을 수 있다고 들었어요. 그래서 회사에 퇴직금을 달라고 했어요. 그런데 회사에서는 외국인이라서 퇴직금이 없다고 해요. 저는 퇴직금을 받고 싶어요. 이 문제가 해결되지 않는 한 이사도 못 갈 것 같아요. 어떻게 해야 해요? 도와주세요.
>
> ↳ 고용노동부에 신고할 수 있습니다. 신고는 직접 지역 고용노동부에 가서 할 수도 있고 홈페이지에서도 할 수 있습니다. 또, 1350번으로 전화해서 상담을 받거나 신고를 할 수 있습니다.

1. 퇴직금이란 무엇인가요?

_____

2. 한국에서의 퇴직금 지급 조건은 무엇인가요?

인원 : _____   근무 기간 : _____

3. 일하는 곳에서 임금을 안 주려고 하면 어떻게 해야 해요?

① 한국인 동료 직원과 상담한다.

② 외국인근로자지원센터에 가서 상담한다.

③ 사장이 월급을 줄 때까지 계속 이야기한다.

④ 고용노동부에 직접 또는 홈페이지에서 신고한다.

표준근로계약서는 작성했어요?

여러분은 표준근로계약서를 본 적 있어요?

근로계약이란 근로자가 사용자의 지시 관리에 따라 일을 한 대가로 회사가 임금을 지급하기로 한 계약을 말해요. 표준근로계약서란 이러한 근로 계약의 내용을 적은 문서를 말해요. 일을 하기 전에 꼭 작성해야 해요.

> 현실에 맞는 표준근로계약서로
> 외국인 근로자의
> 근로 조건을 보호합니다.
> 법제처

왜 작성해야 돼요?	임금 체불 등 문제가 발생했을 때 보호 받기 위해서예요.
어떤 내용을 써요?	1. 사용자와 근로자의 인적 사항 2. 근로계약 기간: 일하는 기간 3. 근로 장소: 일하는 장소 (계약서에서 정한 장소 외에서 일을 시키면 안 됨.) 4. 업무 내용: 하는 일 5. 근로 시간: 일하는 시간 6. 휴게 시간: 쉬는 시간 7. 휴일: 쉬는 날 8. 임금: 월 통상 임금 9. 임금 지급일: 매월/매주 ( )일/요일 10. 지급 방법: 직접 지급 혹은 통장 입금 11. 숙식 제공: 기숙사 및 식사 제공 여부
기타	근로기준법이 정한 기준에 어긋나는 근로계약 부분은 무효예요. 또 근로계약서에서 정하지 않은 것은 근로기준법을 따라요.

여러분도 표준근로계약서를 한 번 써 보세요.

https://www.eps.go.kr

동영상을 봅시다

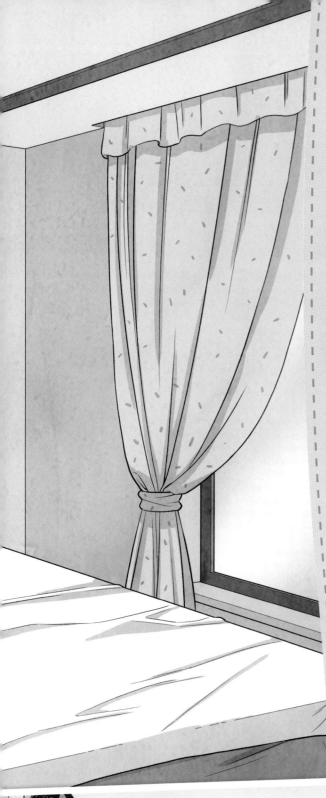

어제는 참으려야 참을 수가 없어서 결국 다투고 말았어요.

여러분은 가족하고 화를 내며 싸운 적이 있어요?

왜 화가 났어요?

어떻게 화해했어요?

따라 하세요

Track 10-1

• 요 며칠 기분이 안 좋아 보여요.

• 말이 돼요?

• 세상에, 정말 화가 났겠어요.

❶ 화장대　　❷ 베개　　❸ 그네　　❹ 미끄럼틀
❺ 쿠션　　❻ 아기 띠

예문

- 잔소리를 안 하려야 안 할 수(가) 없어요.
- 맛이 이상해서 먹으려야 먹을 수(가) 없었어요.

형태

–려야 –ㄹ 수 없다	–으려야 –을 수 없다
자려야 잘 수(가) 없다	참으려야 참을 수(가) 없다
외출하려야 외출할 수(가) 없다	믿으려야 믿을 수(가) 없다

제발 빨래 좀 빨래통에 넣어 주세요. 잔소리를 안 하려야 안 할 수가 없네요!

알았어요. 미안해요.

활용

아무리 노력을 해도 할 수 없는 일이 있었나요? 이야기해 보세요.

| 잔소리를 안 하다　　먹다　　걱정을 안 하다　　잠을 자다 |

노력해도 안 되는 상황

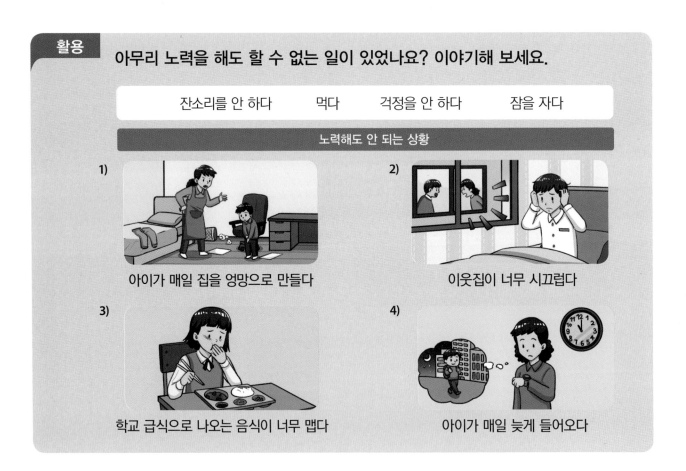

1) 아이가 매일 집을 엉망으로 만들다

2) 이웃집이 너무 시끄럽다

3) 학교 급식으로 나오는 음식이 너무 맵다

4) 아이가 매일 늦게 들어오다

가: 아이가 매일 집을 엉망으로 만들어요. 잔소리를 안 하려야 안 할 수가 없어요.

나: 아이하고 한번 이야기를 해 보지 그래요?

네, 조금만 먹으려고 했는데 결국 과식하고 말았어요.

어제 남편하고 외식 잘 했어요?

예문
- 어제 너무 피곤해서 8시에 자고 말았어요.
- 알면 안 되는 비밀을 듣고 말았어요.

형태

-고 말다
가고 말다
팔고 말다

활용　안 하려고 노력했지만 결국 하게 되어서 안타까웠던 일이 있나요?
이야기해 보세요.

노력한 일	이루어지지 못한 일		노력한 일	이루어지지 못한 일

1) 알람을 맞추고 잤다

2) 화를 참으려고 했다

3) 비싸서 안 사려고 했다

4) 버스를 타려고 뛰어갔다

가: 알람을 맞추고 잤는데 늦잠을 자고 말았어요.

나: 어머, 어떡해요.

예문

- 조금 남아 있는 케이크를 내가 먹어 버렸어요.
- 냉장고의 주스를 다 마셔 버렸어요.

형태

-아 버리다	-어 버리다	해 버리다
가 버리다	먹어 버리다	출발해 버리다
나와 버리다	치워 버리다	말해 버리다

아니요. 조금 남았는데 그냥 먹어 버려요.

남은 건 내일 먹을까요?

활용

다음 사람들은 무슨 일이 있었는지 그림을 보고 자세히 이야기해 보세요.

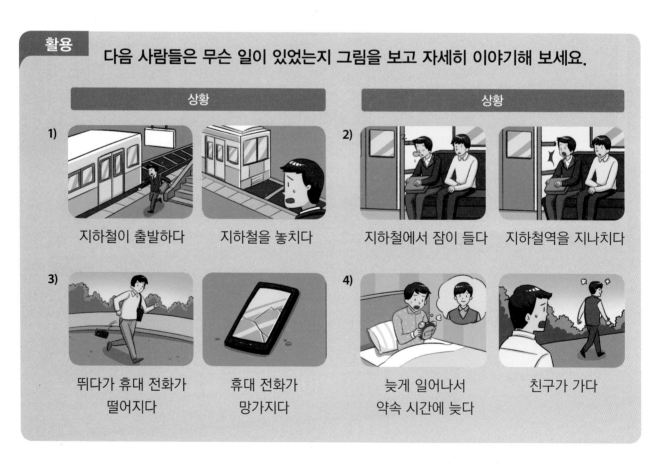

상황	상황
1) 지하철이 출발하다 / 지하철을 놓치다	2) 지하철에서 잠이 들다 / 지하철역을 지나치다
3) 뛰다가 휴대 전화가 떨어지다 / 휴대 전화가 망가지다	4) 늦게 일어나서 약속 시간에 늦다 / 친구가 가다

가: 뛰어갔는데 지하철이 눈앞에서 출발해 버렸어요.
그래서 지하철을 놓쳐 버렸어요.

화가 난 일에 대해 불평하기

Track 10-2

동영상을 봅시다 나트 씨와 자가 씨가 이야기를 합니다.

Movie 01

💬 자가 씨는 왜 기분이
안 좋아요?

💬 나트 씨는 자가 씨에게
어떤 조언을 했어요?

나트   자가 씨, 왜 그래요? 무슨 일 있어요? 요 며칠 기분이 안 좋아 보여요.

자가   며칠 전에 남편이랑 싸웠어요.

나트   왜요? 무슨 일이 있었어요?

자가   요즘 들어 집에도 늦게 들어오고 전화도 잘 받지 않아요. 글쎄, 심지어 어제는
제가 전화를 걸었는데 그냥 끊어 버리는 거예요. 말이 돼요?

나트   세상에, 정말 화가 났겠어요. 그런데 남편이 회의 중이었을 수도 있잖아요.

자가   네, 그렇지만 어제는 참으려야 참을 수가 없어서 결국 다투고 말았어요.

      그리고 지금까지 서로 말을 안 하고 있어요.

나트   어휴, 그래도 남편하고 이야기해 봐요. 무슨 사정이 있을 수 있잖아요.

자가   음, 오늘 저녁에 한번 차분하게 이야기해 봐야겠어요.

발음   Track 10-3

• 끊어[끄너]

☐ 요   ☐ 심지어   ☐ 다투다

사람1 · 남편/아내와 싸웠습니다. 친한 친구에게 화가 난 일을 자세히 설명하고 불평하세요.

사람2 · 친구가 남편/아내와 싸웠습니다. 왜 화가 났는지 묻고 이야기를 들어 주세요. 그리고 화해하기 위해 조언해 주세요.

	사람1	사람2
	화가 난 상황	화해에 대한 조언
1	· 요즘 들어 남편(/아내)이 집에 늦게 들어오고 전화를 안 받다 · 며칠 전에 전화를 그냥 끊어 버리다	· 회의 중이다 · 이야기를 해 보다
2	· 주말마다 회사를 가다 · 일주일 동안 술을 마시고 새벽에 들어오다	· 회사에 무슨 일이 있다 · 조용히 마음을 터놓고 이야기하다
3	· 평소에 아이하고 놀아 주지 않다 · 이번 주말에 하루 종일 잠만 자서 혼자 아이를 돌보면서 집안일을 하느라고 몸살이 나다	· 일이 바쁘다 · 왜 화가 났는지 솔직히 이야기하다
4	✎ ✎	✎ ✎

표현

불평할 때	상황이 이해되지 않을 때
· 왜 그럴까요? · 정말 이해할 수가 없어요. · 도대체 왜 그런지 모르겠어요.	· 말이 돼요? · 어이가 없지 않아요? · 기가 막히네요.

💡 나트 씨와 엔젤 씨가 이야기를 합니다. 다음을 잘 듣고 질문에 답하세요.   Track 10-4

1. 나트 씨가 짜증이 난 이유가 <u>아닌</u> 것은 뭐예요?

   ① 뒤에 앉은 사람이 전화를 해서 짜증이 났어요.

   ② 뒤에 앉은 사람이 팝콘을 시끄럽게 먹어서 짜증이 났어요.

   ③ 뒤에 앉은 사람이 영화관에서 나가 버려서 짜증이 났어요.

   ④ 뒤에 앉은 사람이 다리를 떨면서 영화를 봐서 짜증이 났어요.

2. 맞으면 ○, 틀리면 ✕ 하세요.

   ① 어제 영화는 재미없었어요. ( )

   ② 뒤에 앉은 사람이 화를 냈어요. ( )

   ③ 뒤에 앉은 사람 때문에 화가 나서 영화관에서 나왔어요. ( )

💡 여러분은 다른 사람과 싸움을 하거나 다른 사람에게 화를 낸 적이 있어요? 무슨 일이 있었어요? 친구들에게 화가 났던 상황을 자세하게 이야기해 보세요.

친구 이름	화가 나거나 싸운 이유

1 여러분은 다른 사람과 싸워 본 적이 있어요? 싸운 후에 어떻게 화해를 했어요?

2 다음 상황에서 역할극을 해 보세요.

> **사람1** • 사람2 때문에 화가 났습니다. 화가 난 감정을 표현하세요.

> **사람2** • 사람1이 화가 많이 났습니다. 잘못을 이야기하고 용서를 구하세요.

1)
2)
3)

사람1	사람2
어제 친구와 영화를 보러 가기로 했습니다. 그래서 약속 장소에서 2시간을 기다렸는데 친구가 오지도 않고 전화도 안 받았습니다. 친구가 걱정도 되고 화도 많이 났습니다.	어제 친구와 영화를 보러 가기로 한 약속을 완전히 잊어버리고 약속 장소에 가지 않았습니다. 그래서 오늘 친구를 만났는데 친구가 화가 많이 나 있습니다.
아내입니다. 남편이 술을 많이 마시고 새벽 3시에 들어왔습니다. 기다리면서 걱정도 많이 하고 화도 났습니다.	어제 회사 사람 송별회가 있어서 동료들과 술을 마셨습니다. 술을 많이 마셔서 시간이 가는 줄도 모르고 있다가 새벽 3시에 집에 들어갔는데 아내가 화가 많이 나 있습니다.
회사에서 야근하느라고 남편에게 아이들을 맡기고 밤 12시에 집에 들어왔습니다. 그런데 남편은 아이들 목욕도 안 시키고 재우지도 않고 있습니다. 그래서 화가 났습니다.	집에는 아내보다 일찍 들어왔지만 회사 일 때문에 너무 힘들어서 아이를 돌볼 수가 없었습니다. 그런데 야근하고 돌아온 아내가 아이들을 돌보지 않았다고 화가 났습니다.

> **표현**

화를 낼 때	용서를 구할 때
• 아! 정말! 어떻게 이럴 수가 있어요? • 이렇게 하면 안 되는 거 아니에요? • 정말 화가 나서 참을 수가 없네요!	• 미안해요. 제가 생각이 짧았어요. 다시는 안 그럴게요. • 제가 잘못했어요. 다음부터는 안 그럴게요. • 죄송해요. 한 번만 용서해 주세요.

몸짓 언어는 나라마다 많이 달라요.

🐾 여러분은 어떤 몸짓 언어를 많이 써요?

몸짓 언어는 언어만큼이나 나라마다 많이 달라요. 예를 들어 한국에서는 엄지손가락을 치켜세우면 '최고'라는 의미지만, 다른 나라에서는 '거절'이나 '욕설'을 의미해요. 그래서 몸짓 언어는 문화에 맞게 잘 사용하지 않으면 커다란 오해를 불러일으킬 수도 있어요. 언어를 배울 때는 그 언어뿐만 아니라 몸짓 언어도 함께 알아 두어야겠지요?

돈	승리	사람을 부를 때	수를 셀 때

엄지와 검지의 끝을 맞대어 동그랗게 해요. 어떤 나라에서는 'OK', 어떤 나라에서는 '욕설'을 의미해요.	검지와 중지로 V자를 만들어요. 사진 찍을 때 포즈로도 많이 사용해요. 손바닥 안쪽이 보이든, 바깥쪽이 보이든 상관이 없어요.	손등을 위로 하여 자기 쪽으로 손을 움직여요. 주로 어른이 아이를 오라고 할 때, 또 친구 사이에 많이 사용해요.	손가락을 모두 펴서 엄지손가락부터 접으면서 5까지 세어요. 6부터는 새끼손가락부터 펴면서 10까지 세어요.(한 손으로 셀 때)

🐾 여러분 나라의 몸짓 언어와 한국의 몸짓 언어는 의미가 달라요? 아니면 같아요?

몸짓	의미		
	한국	나	친구
엄지를 치켜올린다.	최고 좋다		
엄지와 검지를 동그랗게 만든다.	돈		
V자 모양을 한다.	승리		
손등을 위로 오게 해서 자기 쪽으로 손을 움직인다.	이리 와		
머리를 아래, 위로 끄덕인다.	그렇다 (긍정의 뜻)		

고등어조림 하는 것 좀 가르쳐 주세요.

한국 음식을 만들 줄 아세요?

한국 음식과 비슷한 고향 음식이 있어요?

요리를 누구한테 배웠어요?

따라 하세요

Track 11-1

- 한국 사람들은 고등어를 어떻게 요리해요?
- 조림이나 구이를 많이 해요.
- 약한 불로 조리면 돼요.

고등어 무조림

고등어 1마리 무 200g 대파 1/3

청양고추, 홍고추 각각 1개씩

다시마 10*10 한 조각 멸치 15g

고등어는 흐르는 물에 핏물까지 깨끗이 씻어줍니다

고춧가루, 간장, 청주, 다진마늘 고추장, 된장, 생강즙, 액젓을 섞어 양념장을 만듭니다

냄비에 다시마, 멸치 육수와 무를 넣은 뒤 중약불에 끓인 뒤

고등어와 양념장을 넣어 센 불로 끓이다가

양파, 대파, 청양고추를 넣어 끓이면 완성됩니다

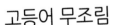

❶ 당면   ❷ 당근   ❸ 대파   ❹ 버섯   ❺ 도마

예문

- 올해 제 계획은 운동하기입니다.
- 제 취미는 잡지 읽기예요.

형태

−기
사기
먹기

올해 목표가 뭐예요?

운동하기, 공부 열심히 하기, 가계부 쓰기예요.

♥♥ 새해 다짐
1. 운동하기.
2. 공부 열심히 하기.
3. 가계부 쓰기.

활용　새해 결심이나 계획을 이야기해 보세요.

1) 외국어(를) 공부하다

2) 매일 청소하다

3) 수업에 결석을 안 하다

4) 등산(을) 하다

5) 담배(를) 끊다

6) 돈(을) 아껴 쓰다

가: 올해 계획이 뭐예요?

나: 외국어 공부하기예요.

- 춤을 잘 춤.
- 우리나라에는 볶음 요리가 많음.

형태

–ㅁ	–음
감	먹음
취소됨	읽음

활용

혼자 여행을 갈 거예요. 그래서 가족을 위해서 냉장고 안에 있는 음식에 메모를 붙이려고 해요. 음식에 메모를 붙여 보세요.

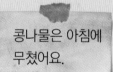

콩나물은 아침에 무쳤어요.

된장찌개는 어제 만들었음.

소고기는 오늘까지 먹어야 돼요.

생선은 점심에 구웠어요.

사과는 주스용이에요.

포도는 2일 전에 샀어요.

예문
- 여름은 덥다.
- 나는 매일 한국어를 공부한다.

형태

-ㄴ다	-는다	-다
간다	웃는다	크다
마신다	먹는다	작다

활용　여러분 고향에 대해서 소개하는 글을 써 보세요.

저는 베트남에서 왔어요.

베트남 날씨는 아주 더워요.

지금은 아마 비가 많이 올 거예요.

베트남 사람들은 쌀국수를 자주 먹어요.

아오자이는 우리 나라 전통 옷이에요.

나는 베트남에서 왔다.

베트남 날씨는 아주 덥다.

지금은 아마 비가 많이 올 것이다.

베트남 사람들은 쌀국수를 자주 먹는다.

아오자이는 우리 나라 전통 옷이다.

제 고향은 몽골 울란바토르예요.

몽골의 전통 집은 게르라고 해요.

허르헉은 몽골의 전통 음식인데

중요한 손님이 오거나 행사를 할 때

먹어요.

Track 11-2 🎧

동영상을 봅시다 나트 씨가 유미 씨에게 요리 방법에 대해서 묻습니다.

💬 나트 씨는 고등어로 뭘 만들려고 해요?

💬 태국에서는 보통 고등어를 어떻게 먹어요?

Movie 01

나트	언니, 물어볼 게 있어서 왔어요. 시장에서 고등어를 샀는데 한국 사람들은 고등어를 어떻게 요리해요?
유미	조림이나 구이를 많이 해요. 태국에서는 어떻게 먹는데요?
나트	보통 튀겨서 먹어요. 고등어조림 하는 것 좀 가르쳐 주세요.
유미	만들기 쉬워요. 갈치조림 먹어 봤지요? 그거하고 비슷하게 하면 돼요.
나트	먹어는 봤는데 해 본 적이 없어서 자신이 없어요.
유미	무를 썰어서 냄비 바닥에 깔고 멸치 육수를 무가 잠길 정도로 부어요. 그리고 육수가 끓으면 고등어를 넣고 그 위에 고추장, 간장, 생강, 마늘, 파 다진 것, 설탕을 섞어 만든 양념을 넣어요. 그러고 나서 30분 정도 약한 불로 조리면 돼요.
나트	아, 알겠어요. 언니, 고마워요.

발음 Track 11-3 🎧

• 물어볼 게[무러볼께]

• 봤지요[받찌요]

• 잠길 정도[잠길쩡도]

☐ 잠기다　　☐ 생강

사람1 •요리 방법을 물어보세요.

사람2 •요리 방법을 설명해 주세요. 잘 모르면
인터넷이나 요리책에서 찾아서 설명해 주세요.

	사람1		사람2	
	구입한 재료	고향 요리법	한국 요리법	만드는 법
1		튀겨서 먹다	조림이나 구이	
2		안 먹다	볶음이나 무침	
3		스테이크를 해 먹다	보쌈이나 볶음	
4	✏️	✏️	✏️	✏️

표현

요리 방법을 물어볼 때	요리 방법을 설명할 때
• 보통 어떻게 해서 먹어요? • 갈비찜 만드는 법 좀 알려 주세요. • 어떤 양념이 필요해요? • 센 불로 요리해야 돼요?	• 굽거나 조려서 먹어요. • 끓는 물에 갈비와 양념을 넣고 2시간쯤 조리면 돼요. • 간장 양념이 필요해요. • 불고기는 센 불에서 볶지만 갈비는 약한 불로 조려야 돼요.

다문화가족지원센터 요리 수업입니다. 다음을 잘 듣고 질문에 답하세요.   Track 11-4

1. 오늘 배운 요리는 무엇이에요?

_____

2. 다음 중 맞는 것을 고르세요.

① 시금치가 잘 익을 수 있게 푹 데쳐야 해요.
② 한국의 나물은 보통 무치거나 조려 먹어요.
③ 시금치 무침 양념에는 간장과 마늘, 참기름 등이 들어가요.
④ 시금치나물은 김밥이나 잡채를 만들 때도 사용할 수 있어요.

3. 시금치나물 만드는 법을 쓰세요.

시금치를 다듬어서 씻어요. → 물을 (   ). → 끓는 물에 (   ).
→ 찬물로 씻고 꼭 (   ). → 시금치를 양념에 (   ).

말해 봅시다

어떤 요리 기구가 필요합니까? 이야기해 보세요.

| 냄비 | 국자 | 프라이팬 | 주걱 | 주전자 | 밥솥 | 젓가락 | 그릇 |

1)

냄비에 라면을 끓여서 젓가락으로 먹어요.

2)

3)

4)

1 여러분 나라에서는 특별한 날에 어떤 음식을 먹어요? 어떤 음식을 먹는지, 어떻게 만드는지 소개해 보세요.

명절	명절 음식	요리 방법	먹는 방법
몽골 설날	호쇼르	만두하고 비슷해요. 양고기로 만들어요.	튀기거나 구워서 먹어요.
미국 추수감사절	칠면조	한국 닭고기하고 비슷해요. 닭보다 더 커요.	구워서 먹어요.
베트남 설날	반쯩	한국 떡하고 비슷해요. 찹쌀로 만들어요.	쪄서 먹어요.

몽골에서는 설날에 어떤 음식을 먹어요?

호쇼르를 먹어요.

호쇼르가 어떤 음식이에요?

한국 만두하고 비슷해요. 하지만 안에 보통 양고기를 넣어서 만들어요. 야채는 안 들어가요.

쪄서 먹어요?

아니요, 튀기거나 구워서 먹어요.

한국에서는 이 음식이 유명해요.

🐾 여러분은 한국 음식 중 어떤 음식을 좋아해요?

🐾 한국 사람들은 이럴 때 이런 음식을 먹어요.

여름 무더위를 이기기 위해서, 또 아프거나 수술을 한 후에 기력 회복을 위해서 삼계탕이나 장어구이, 전복죽 등을 먹어요.

모임이나 회식에서 술을 많이 마셨을 때 콩나물국이나 북엇국, 조개탕 등 시원한 국물이 있는 음식을 먹어요.

산모나 생일을 맞은 사람은 꼭 미역국을 먹어요. 설날에는 떡국을 먹고, 추석에는 송편을 먹어요.

🐾 여러분 나라에서 인기 있는 한국 음식이 있나요? 한국 음식 중에 고향에 소개하고 싶은 음식이 있어요?

	음식 이름	소개하고 싶은 한국 음식
나		
친구		

🐾 여러분 나라에서는 다음과 같은 상황일 때 어떤 음식을 주로 먹어요?

	원기 회복을 위해	술을 많이 마셨을 때	특별한 날/명절
나			
친구			

동영상을 봅시다

가정통신문 제2019-21호

가정 통신문 ❶

안녕하십니까?

벌써 날이 선선해지는 가을이 되었습니다. 저희 학교에서는 다음과 같이 학부모 공개 수업을 하고자 합니다. 많이 오셔서 자녀들의 수업하는 모습도 보시고 OO초등학교의 아름다운 가을도 느껴 보시기 바랍니다.

다음 일정을 보시고 참석 가능하신 학부모님들께서는 자녀를 통해 참석 여부를 회신하여 주시면 감사하겠습니다.

항상 가정에 평안이 가득하시기 바랍니다. 감사합니다.

1. 수업 공개 일시: 11월 30일(수) 오후 2시 ~ 3시 30분
2. 수업 공개 일정
   - 오후 2시 ~ 2시 30분: 학교장 인사, 학교 및 자녀 교육 안내
     (소강당에서 진행)
   - 오후 2시 30분 ~ 2시 45분: 각 교실로 이동
   - 오후 2시 45분 ~ 3시 30분: 수업 참관

2019. 11. 25.
OO초등학교장

- - - - - - - - - - - - - - - 절취선 - - - - - - - - - - - - - - -

절취한 후 담임 선생님께 제출해 주시기 바랍니다.

( )학년 ( )반 ( )번 이름: ( )

☐ 참석	☐ 불참

학교에서 공개 수업을 한다고 학교에 오셔야 한대요.

여러분은 아이 학교에 가 본 적이 있어요?

왜 갔어요? 무엇을 했어요?

가정 통신문이 뭐예요?

따라 하세요

Track 12-1

- 엄마 올 거죠?
- 네, 아마 그럴걸요.
- 아빠한테도 여쭤 보고 갈 수 있으면 꼭 같이 갈게.

① 가정 통신문 ② 교탁 ③ 책가방
④ 실내화 ⑤ 신발주머니 ⑥ 사물함

-(ㄴ/는)다고

예문

- 공개 수업을 한다고 학교에 오래요.
- 책 읽는다고 도서관에 갔어요.

형태

-ㄴ다고	-는다고	-다고
간다고	먹는다고	아프다고
마신다고	읽는다고	작다고

운동회? 꼭 가야겠네.

엄마, 학교에서 운동회를 한다고 부모님이 꼭 오셔야 한대요.

가정 통신문

활용 여러분은 메시지를 받았습니다. 무슨 내용인지 친구에게 이야기해 주세요.

	이유	부탁
1	유치원에서 학예회를 하다	부모님들이 꼭 오다
2	아이가 학교 끝나고 운동을 하다	조금 늦어도 걱정하지 말다
3	주말에 다문화가족지원센터에서 가족 초대 행사가 있다	잊지 말고 참석하다
4	계란이 떨어졌다	퇴근길에 사다
5	아이가 아프다	어린이집에서 데려가다

가: 메시지가 왔나 봐요. 확인해 보세요.

나: 유치원에서 학예회를 한다고 부모님들이 꼭 오라는 메시지네요.

예문

- 가: 오늘 행사에 미사코 씨도 오나요?
  나: 네, 온다고 했으니까 올걸요.
- 가: 버스 타면 늦을까요?
  나: 지금 길이 막혀서 늦을걸요.

형태

-ㄹ걸요	-을걸요
올걸요	먹을걸요
잘걸요	좋을걸요

| 활용 | 친구가 질문을 하는데 잘 모르겠습니다. 추측해서 이야기해 보세요. |

	질문	추측 이유	추측
1	저 앞에 새로 생긴 식당 음식이 맛있다	주방장이 유명하다고 하다	맛있다
2	내년에 물가가 내리다	물가가 내린 적이 없다	똑같거나 오르다
3	내년에 경기가 좋다	점점 좋아지고 있다	좋다
4	올겨울이 작년보다 춥다	해마다 추워지다	춥다
5	아이들 겨울 방학이 12월 중순에 시작되다	작년 겨울 방학이 12월 말이었다	12월 말쯤이다

가: 저 앞에 새로 생긴 식당 음식이 맛있을까요?
나: 주방장이 유명하다고 했으니까 맛있을걸요.

예문

- 한국을 알리고자 이 행사를 준비했습니다.
- 어려운 사람들을 돕고자 봉사 활동을 시작했습니다.

형태

–고자
알리고자
돕고자

여러 나라의 다양한 음식 문화를 알리고자 이번 행사를 열게 되었습니다.

활용

방송국에서 외국인들에게 한국에서 꿈을 이루기 위하여 무엇을 하고 있는지 인터뷰를 합니다. 기자의 질문에 대답해 보세요.

	목적	하고 있는 일
1	한국에서 취업을 하다	다문화가족지원센터에 등록해서 열심히 다니다
2	자격증을 따다	퇴근 후에 컴퓨터를 배우고 있다
3	한국을 더 잘 이해하다	여유가 있을 때마다 여행을 다니다
4	생활비를 벌다	아르바이트를 열심히 하다
5	아이들 학교생활을 돕다	아이 학교 일에 적극적으로 참여하다

가: 한국에서 살면서 이루고 싶은 꿈이 있으시지요? 그 꿈을 이루기 위하여 무슨 일을 하고 계십니까?

나: 저는 한국에서 취업을 하고자 다문화가족지원센터에 등록해서 열심히 다니고 있습니다.

공개 수업 참석 여부 결정하기 　과제

📹 **동영상을 봅시다**　엔젤 씨가 딸 사만나와 가정 통신문에 대하여 이야기합니다.

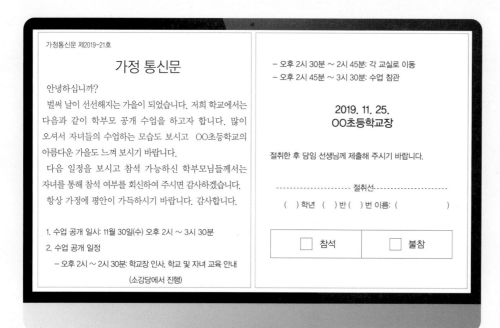

가정통신문 제2019-21호

가정 통신문

안녕하십니까?

벌써 날이 선선해지는 가을이 되었습니다. 저희 학교에서는 다음과 같이 학부모 공개 수업을 하고자 합니다. 많이 오셔서 자녀들의 수업하는 모습도 보시고　○○초등학교의 아름다운 가을도 느껴 보시기 바랍니다.

다음 일정을 보시고 참석 가능하신 학부모님들께서는 자녀를 통해 참석 여부를 회신하여 주시면 감사하겠습니다.

항상 가정에 평안이 가득하시기 바랍니다. 감사합니다.

1. 수업 공개 일시: 11월 30일(수) 오후 2시 ~ 3시 30분
2. 수업 공개 일정
　– 오후 2시 ~ 2시 30분: 학교장 인사, 학교 및 자녀 교육 안내
　　　　　(소강당에서 진행)
　– 오후 2시 30분 ~ 2시 45분: 각 교실로 이동
　– 오후 2시 45분 ~ 3시 30분: 수업 참관

2019. 11. 25.
○○초등학교장

절취한 후 담임 선생님께 제출해 주시기 바랍니다.

- - - - - - - - - - - - 절취선 - - - - - - - - - - - - -
(　) 학년 (　) 반 (　) 번 이름: (　　　　)

☐ 참석　　　　☐ 불참

Movie 01

💬 공개 수업에서 사만나는 뭘 해요?

💬 엔젤은 공개 수업에 갈 거예요?

사만나	엄마, 학교에서 공개 수업을 한다고 학교에 오셔야 한대요.
엔 젤	그래? 언젠데?
사만나	다음 주 수요일 2시부터 3시 30분까지요. 엄마 올 거죠?
엔 젤	그럼, 꼭 가 봐야지. 그런데 그날 뭐 하는데?
사만나	그때가 저희 음악 시간이라서 부모님들 앞에서 노래를 부를 거래요. 그리고 저희 방과 후 수업도 볼 수 있대요.
엔 젤	알았어. 우리 사만나 노래 부르는 거 보러 꼭 가야겠네. 아빠도 같이 가도 되지?
사만나	네, 아마 그럴걸요.
엔 젤	아빠한테도 여쭤 보고 갈 수 있으면 꼭 같이 갈게.
사만나	그럼 여기 가정 통신문에 참석한다고 표시하고, 옆에 엄마 사인해 주세요. 학교에 내야 해요.
엔 젤	볼펜 가져와. 해 줄게.

발음　　　Track12-3 🎧

- 그럴걸요[그럴껄료]
- 참석한다고[참서칸다고]

☐ 표시하다　　☐ 사인하다

사람1
• 학부모입니다. 아이가 학교에서 하는 행사를 알려 줍니다. 아이에게 무슨 행사인지 묻고 참석 여부를 알려 주세요.

사람2
• 아이입니다. 학교에서 하는 행사를 부모님에게 알려 주고 참석 여부를 질문하세요.

가정통신문 제2019-29호

학예회 안내

학부모 여러분 안녕하십니까?
저희 학교에서는 지금까지 학생들이 열심히 준비한 학예회에 학부모님들을 초대하고자 합니다.

　1. 일자: 6월 21일 화요일 09:00~15:00
　2. 공연 내용: 합창단 노래 공연
　　　　　　　　고학년 연극 발표
　　　　　　　　저학년 공연
　3. 장소: 강당

2019. 6. 1.
한 국 초 등 학 교 장

------- 절취선 -------

(　)학년 (　)반 (　)번 이름: (　　　　　)

참석	불참

가정통신문 제2019-29호

아버지와 함께하는 1박 2일

학부모 여러분 안녕하십니까?
저희 학교에서는 아버지와 함께하는 1박 2일 행사를 마련하였습니다. 바쁘시더라도 아버님들의 많은 참석 부탁드리겠습니다.

　1. 일자: 11월 11일 토요일-일요일
　2. 내용: 아버지와 노래하기
　　　　　　아버지와 함께 해변 걷기
　　　　　　모닥불 피우기 등 다양한 활동
　3. 장소: 춘천수련원

2019. 10. 2.
수 라 중 학 교 장

------- 절취선 -------

(　)학년 (　)반 (　)번 이름: (　　　　　)

참석	불참

표현

행사에 대해 질문할 때	학교 행사를 알려 줄 때
• 언젠데? • 그날 뭐 하는데? • 꼭 보러 가야겠네.	• 학교에서 공개 수업을 한다고 학교에 오셔야 한대요. • 올 수 있죠? • 여기에 참석한다고 표시하고 사인해 주세요.

💡 미셸 씨와 사만나의 대화입니다. 다음을 잘 듣고 질문에 답하세요.　　Track 12-4 🎧

1. 알맞게 쓰세요.

> **행사** 아버지와 함께하는 하루
>
> 장소: _____
>
> 일시: _____

2. 맞으면 ○, 틀리면 ✕ 하세요.

1) 이 행사에는 아이 부모 중 한 명이 가면 돼요. 　　　　　　　(　)

2) 학교에서 아버지와 아이가 같이 다양한 활동을 해 보는 행사를 해요. 　(　)

3) 미셸 씨는 스케줄을 확인한 후 학교 행사 참석 여부를 결정할 거예요. 　(　)

💡 휴대 전화 메시지입니다. 다음을 읽고 질문에 답하세요.

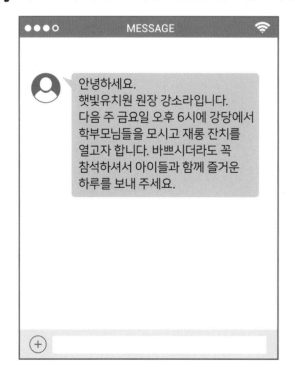

안녕하세요.
햇빛유치원 원장 강소라입니다.
다음 주 금요일 오후 6시에 강당에서
학부모님들을 모시고 재롱 잔치를
열고자 합니다. 바쁘시더라도 꼭
참석하셔서 아이들과 함께 즐거운
하루를 보내 주세요.

1. 다음은 누가 누구에게 보내는
메시지입니까?

_____이/가

_____에게

2. 빈칸에 알맞게 쓰십시오.

행사: 어린이 재롱 잔치

장소: _____

일시: _____

1 다음은 학교에서 학기 초에 나누어 주는 '가정 환경 조사서'입니다. 작성해 보세요.

가정 환경 조사서

성명	한글		성별	남 | 여	생년월일	
	한자				집 전화번호	
주소						
가족 상황		부	모	기타 가족	생활 정도	상 중 하
	성명			조부 (유 : 무)	건강 상태	양호 허약 빈약
	생년월일			조모 (유 : 무)	문자 이해도	상 중 하
	직업 (구체적으로)			형 (명)	숫자 이해도	상 중 하
	전화번호			오빠 (명)	언어 능력	상 중 하
	종교			누나 (명)	조기/유예	일반 조기 유예
	학력			언니 (명)	적령	만 ( )세
				남동생(명)		
				여동생(명)		

입학 전 교육 경험	( ) 유치원 ( ) 초등학교 ( ) 중학교
우리 학교에 다니는 친형제	관계 ( ) 제 학년 반 번 이름 관계 ( ) 제 학년 반 번 이름

보호자	성명		관계		직업	
	주소				전화번호:	

통학 방법	도보 , 버스, 지하철, 자전거, 기타( )
자녀의 특별한 습관이나 고쳐야 할 점이 있으면 써 주십시오.	
자녀나 가정 환경에 대하여 하실 말씀이 있으면 적어 주십시오.	

한국은 교육열이 정말 높아요.

🐾 여러분 나라의 교육열은 어때요?

　　한국은 대학 진학률이 70%가 넘을 만큼 교육열이 높아요. 한국 전쟁의 폐허 속에서 세계 10위권의 경제 대국을 만들어낸 힘도 바로 교육열이에요. 하지만 높은 교육열 때문에 가계 지출 중 사교육비가 차지하는 비중이 큰 것이 문제점으로 나타나고 있어요.

초등 교육	초등학교	6년	의무 교육
중등 교육	중학교	3년	의무 교육
	고등학교	3년	–
고등 교육	종합 대학	4년	–
	전문 대학	2년	–

　　한국에서는 아이들이 초등학교에 입학하기 전에 보통 유치원을 2~3년 다녀요. 한국의 유치원과 학교는 일 년에 2학기제로 운영해요. 1학기는 3월에 시작해서 8월까지, 2학기는 8월 말~9월 초부터 이듬해 2월까지예요. 여름 방학과 겨울 방학이 있어요. 초등학교와 중학교는 의무 교육이에요.

🐾 여러분 나라의 교육 제도는 어때요?

	학제 / 의무 교육	학기	방학
나			
친구			

🐾 여러분 나라의 교육에는 어떤 문제가 있어요? 그 문제를 어떻게 해결하고 있어요?

	문제점	해결
나		
친구		

동영상을 봅시다

13

그렇게 발표를
잘할 줄 몰랐어.

여기는 어디예요?

학생들과 선생님은 무엇을 해요?

학부모들은 무엇을 보고 있어요?

따라 하세요

Track 13-1

• 사만나가 그렇게 발표를 잘할 줄
  몰랐어.

• 발표할 때 조금 떨렸어요.

• 다른 학부모님들도 "사만나가
  잘하는구나." 하고 칭찬하셨어.

❶ 커튼　　　❷ 협탁　　　❸ 공개 수업
❹ 학부모　　❺ 곰 인형

예문

- 노래를 잘 부르는구나.
- 오늘 시내에 사람이 많구나.

형태

-는구나	-구나
오는구나	비싸구나
먹는구나	춥구나

활용

초등학교 교실에 공개 수업을 보러 갔습니다. 직접 느끼거나 알게 된 사실을 말해 보세요.

가: 아이들이 열심히 공부하는구나.

나: 맞아요.

–(으)ㄴ/는 줄 알다/모르다 　준비②

션 씨가 한국어를 잘해요?

네, 한국어 6급이에요.

그래요? 저는 션 씨가 한국어를 그렇게 잘하는 줄 몰랐어요.

예문
- 한국어를 잘하는 줄 몰랐어요.
- 오늘 날씨가 좋은 줄 알았어요.

형태

–ㄴ 줄	–은 줄	–는 줄
비싼 줄	시간이 많은 줄	비가 오는 줄
키가 큰 줄	방이 넓은 줄	문을 닫는 줄

활용 　사실과 다르게 생각한 것 또는 잘못 알고 있었던 것에 대해 이야기해 보세요.

	내가 사실과 다르게 생각한 것 / 잘못 알고 있었던 것	사실
1	김치는 다 맵다	김치 중에서는 맵지 않은 김치도 있다
2	다문화가족지원센터에는 한국어 수업만 있다	여러 가지 프로그램을 수강할 수 있다
3	말을 잘 하는 사람은 글을 잘 쓰다	글을 잘 못 쓰는 사람도 있다
4	오늘 날씨가 좋다	저녁부터 추워지다

가: 김치는 다 매워요?

나: 아니요, 김치 중에서는 맵지 않은 김치도 있어요.

가: 그래요? 저는 김치가 다 매운 줄 알았어요.

　　(저는 맵지 않은 김치가 있는 줄 몰랐어요.)

13과 그렇게 발표를 잘할 줄 몰랐어.

예문

- 승호는 야채며 고기며 다 잘 먹는다.
- 마리아는 수학이며 음악이며 못하는 것이 없다.

형태

~며 ~며	~이며 ~이며
축구며 농구며	밥이며 빵이며
빨래며 청소며	눈이며 입이며

엔젤 씨가 요리를 잘해요?

한국 요리며 고향 요리며 못하는 것이 없어요.

활용

친구에 대해 궁금한 점을 물어보세요. 그리고 친구를 칭찬해 보세요.

	어떤 사람 / 궁금한 점	칭찬하고 싶은 일	
1	미셸 / 운동을 잘하다	수영, 농구, ...	못하는 것이 없다
2	사만나 / 음식을 잘 먹다	한식, 중식, ...	가리지 않고 다 잘 먹다
3	자가 / 자주 여행하다	제주도, 강원도, ...	전국에 안 가 본 곳이 없다
4	아미르 / 한국어 잘하다	문법, 어휘, ...	모르는 것이 없다

가: 미셸 씨가 운동을 잘해요?

나: 네, 수영이며 농구며 못하는 것이 없어요.

공개 수업 후 아이 칭찬하기　　과제

Track 13-2 🎧

📹 **동영상을 봅시다**　　엔젤 씨가 사만나와 이야기합니다.

Movie 01

💬 엔젤 씨는 사만나를 왜
　　칭찬해요?

💬 사만나는 기분이 어떨 것
　　같아요?

엔　젤　사만나, 오늘 엄마하고 아빠가 학교에 가니까 어땠어?

사만나　공개 수업에 엄마하고 아빠가 오셔서 너무 좋았어요.

엔　젤　엄마도 기분이 좋아.
　　　　사만나가 그렇게 발표를 잘할 줄 몰랐어.

사만나　엄마, 사실은 저 연습을 정말 많이 했어요.
　　　　그런데 발표할 때 조금 떨렸어요.

엔　젤　그랬어? 발표할 때 태도며 목소리며 다 좋았어.
　　　　다른 학부모님들도 "사만나가 잘하는구나." 하고 칭찬하셨어.

사만나　엄마, 고마워요. 저 다음에는 더 잘하고 싶어요.

발음　　Track 13-3 🎧

• 학부모[학뿌모]

대화해 봅시다

사람1 •아이의 엄마입니다. 아이의 좋은 점을 칭찬하세요.

사람2 •엄마에게 칭찬을 받습니다. 감사의 마음을 표현하세요.

	사람1			사람2
	칭찬하고 싶은 사람	이전에 몰랐던 점	칭찬하고 싶은 점	감사의 표현
1	사만나	발표를 잘하다	태도, 목소리	고맙다
2	세아	한국어를 잘하다	목소리, 내용	감사하다
3	승현	수학 문제를 잘 풀다	글씨 크기, 푸는 과정	감사하다
4	✎	✎	✎	✎

표현

칭찬을 할 때	위로하고 조언을 할 때
• 노래를 그렇게 잘하는 줄 몰랐어(요). • 수학이며 영어며 못하는 것이 없구나(없군요). • 수학이며 영어며 다 잘하는구나(잘하는군요). • '잘하는구나.'라고 생각했어/느꼈어(요).	• 고마워요. • 감사합니다. • 다음에는 더 잘할게요. • 더 열심히 해야겠어요.

미셸 씨가 사만나의 담임 선생님과 이야기합니다. 다음을 잘 듣고 질문에 답하세요. **Track 13-4** 🎧

1. 글의 내용과 맞는 제목을 고르세요.

① 취업 상담 　　　　② 학부모 면담 　　　　③ 사만나의 친구 문제

2. 다음 중 맞는 것을 고르세요.

① 사만나는 노래도 잘하고 춤도 잘 춰요.

② 사만나가 학교생활을 힘들어해서 아버지가 걱정하고 있어요.

③ 선생님은 사만나의 아버지에게 사만나의 고칠 점에 대해 이야기해요.

 가정 통신문입니다. 다음을 읽고 질문에 답하세요.

학부모 공개 수업 안내

　우리 학교에서는 매년 학부모님을 모시고 공개 수업을 실시하고 있습니다. 바쁘시더라도 참석하셔서 사랑하는 자녀들의 학교생활을 지켜보시고 (　　)와/과 격려를 해 주시기 바랍니다.

1. 공개 수업 날짜: 20○○년, 5월 14일
2. 공개 수업 시간: 3교시(10:50~11:30)
3. 공개 수업 장소: 각 반 교실

* 공개 수업에 참석하실 학부모님께서는 사전에 참석 여부를 알려 주시기 바랍니다.

행 복 초 등 학 교

1. 맞으면 ○, 틀리면 ✕ 하세요.

1) 참석하고 싶은 학부모는 학교에 미리 알려야 해요. 　　　　(　　)

2) 4교시에 공개 수업을 볼 수 있어요. (　　)

2. (　　)에 적절한 표현을 고르세요.

① 칭찬 　　② 꾸중 　　③ 안내

1 칭찬 릴레이를 해 봅시다. 친구들의 좋은 점 또는 칭찬할 점을 메모해 보세요. 칭찬할 점을
   번갈아 쓴 후 친구들과 칭찬 릴레이를 해 봅시다.

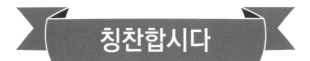

칭찬합시다

제목: 나레카를 칭찬합니다.

● 칭찬하는 사람: 나레카

저는 나레카 씨가 마음이 착한 사람이라고 생각해요.
도움이 필요한 사람이 있으면 아무리 바빠도 발벗고 나서서
도와줄 줄 몰랐어요. 나레카 씨는 공부며 요리며 다 잘해요.

● 칭찬하는 사람 : _____

● 이유 : _____

_____

_____

아이행복카드를 신청하고 싶어요.

🐾 여러분은 아이행복카드에 대해 들어 본 적이 있어요?

한국은 부모의 양육 부담을 덜어 주고 출산을 장려하기 위해 지원을 하고 있어요. 아이행복카드는 소득 수준에 관계없이 만 0~5세 자녀를 둔 부모가 정부의 보육 지원금을 받아 어린이집, 유치원 이용 때 결제할 수 있도록 한 카드예요. 자녀의 나이나 교육 기관, 보육 기관에 따라 지원 금액이 달라요. 어린이집이나 유치원에 가지 않는 아이도 지원을 받을 수 있어요.

	온라인	오프라인
정부 보조금은 어디에서 신청해요?	• 복지로(www.bokjiro.go.kr) 홈페이지	• 읍면동 주민 센터
아이행복카드는 어디에서 신청해요?	• 복지로(www.bokjiro.go.kr) 홈페이지 • 임신 육아 종합 포털 아이사랑 홈페이지 (www.childcare.go.kr) • 카드사 홈페이지: KB국민카드, 우리카드, 하나카드, NH 농협카드, 신한카드, 롯데카드, 비씨카드(7개)	• 읍면동 주민 센터 • 전국 은행 • 주요 카드사 지점
아이행복카드는 어떻게 사용해요?	• ARS(1566-0244) 결제 • 인터넷 결제 (아이사랑 www.childcare.go.kr)	• 유치원 방문 결제 • 어린이집 방문 결제
정부 보조금은 얼마나 지원돼요?	• 만 0세에서 2세: 25만 원~43만 원 • 만 3세에서 5세: 22만 원 ※ 가정에서 양육할 경우 나이에 따라 10만 원~20만 원 지원	

※ 어린이집에서 유치원, 유치원에서 어린이집으로 변경할 때는 복지로, 읍면동 주민 센터에서 보육료·유아 학비 자격 변경 신청을 하세요.

🐾 여러분의 나라에서는 출산을 장려해요? 아니면 억제해요? 왜 그런지 이야기해 보세요.

	출산을 장려해요	출산을 억제해요
나		
친구		

14

정말 텔레비전을 준다고요?

자가 씨와 나레카 씨는 무엇에 대해 이야기해요?

이 행사는 어떤 행사예요?

여러분은 이런 행사에 참여해 본 적이 있어요?

따라 하세요

Track 14-1

- 시민의 날 행사를 한다고 포스터가 붙어 있어요.
- 정말 텔레비전을 준다고요?
- 안 쓰는 물건을 팔 수 있다고요?

❶ 바자회 ❷ 행사 ❸ 먹을거리 ❹ 김장

예문

- 지금 출발해야 한다고요?
- 뭐라고요? 내일 늦는다고요?

형태

−ㄴ다고요?	−는다고요?	−다고요?
간다고요?	듣는다고요?	예쁘다고요?
마신다고요?	받는다고요?	작다고요?

−라고요?	−이라고요?
과자라고요?	학생이라고요?
친구라고요?	내일이라고요?

활용 친구와 다음 행사에 대해서 이야기해 보세요.

제1회 외국인 근로자

한국어 말하기 대회

- 행사 일시: 10월 14일 (일) 15:30 ~ 17:00
- 행사 장소: 서울 전통문화 예술 공연장
- 참가 자격: 외국인 근로자
- 주제 및 방법: 자유 주제 3분 내외 발표
- 참가 신청: 9월 18일까지 신청서
    t-culture@gmail.com으로 제출
- 제출 서류: 신청서, 외국인 등록증 사본,
    발표 원고

 외국인 장기 자랑

4월 21일 토요일 오후 3시
사랑 다문화가족지원센터 강당

- 참가 자격: 한국에 거주하는 외국인
- 참가 종목: 각국의 노래, 춤, 악기 연주 등
- 공연 시간: 팀당 5분 이내
- 시상 내역: 대상   1팀 − 50만 원
     우수상 2팀 − 30만 원
     인기상 1팀 − 10만 원
- 신청 기한: 3월 10일 ~ 3월 20일
- 신청 방법: 사랑 다문화가족지원센터
    방문 신청

가: 한국어 말하기 대회가 있대요. 한번 나가 보세요.

나: 한국어 말하기 대회라고요? 언제까지 신청해야 된대요?

–(으)ㄴ/는 김에

예문

- 고향에 가는 김에 고향 친구들도 좀 만나 보려고 해요.
- 이렇게 만난 김에 식사라도 같이 합시다.

형태

–ㄴ 김에	–은 김에	–는 김에
온 김에	잡은 김에	가는 김에
산 김에	늦은 김에	먹는 김에

활용 다음의 상황에 맞게 이야기해 보세요.

	상황
1	도서관에서 빌린 책을 반납하다
2	세탁소에 맡긴 옷을 찾다
3	커피숍에 들러서 커피를 사다 주다
4	우체국에 들러서 소포를 부치다
5	은행에 들러서 돈을 찾다

가: 어디 가요?

나: 마트에 좀 가려고요.

가: 그럼 마트에 가는 김에 도서관에서 빌린 책 좀 반납해 줄래요?

예문

- 잠시나마 만날 수 있어 반가웠습니다.
- 작은 도움이나마 드릴 수 있어서 기쁩니다.

형태

나마	이나마
잠시나마	조금이나마
목소리나마	도움이나마

아이는 자요?

네, 좀 전에 잠들었어요. 이 시간이 제가 잠시나마 쉴 수 있는 시간이죠.

활용　친구들에게 다음 행사나 축제를 추천하고 장점도 이야기해 주세요.

	추천하는 축제/ 행사	장점
1	템플 스테이	잠시 / 도시의 소음에서 벗어나다 조금 / 복잡한 생각을 잊다
2	록 콘서트	잠시 / 20대로 돌아간 기분을 느끼다 조금 / 젊어진 느낌을 받다
3	클래식 공연	잠시 / 마음이 편안해지다 조금 / 집안 살림을 잊다
4	마라톤 대회	잠시 / 올림픽 대표 선수가 된 기분을 느끼다 조금 / 건강해진 것 같은 기분이 들다

가: 요즘도 정신없이 바쁘죠?

나: 네, 항상 쉬고 싶은 마음이죠.

가: 그럼 템플 스테이에 참가해 보세요. 잠시나마 도시의 소음에서 벗어날 수 있고 조금이나마 복잡한 생각도 잊을 수 있어요.

지역 행사에 대한 정보 묻기 과제

📹 동영상을 봅시다 자가 씨와 나레카 씨가 주민 센터 게시판을 보면서 이야기합니다.

Movie 01

💬 자가 씨와 나레카 씨는 무엇에 대해 이야기해요?

💬 어떤 행사들을 해요?

자 가   저기 좀 보세요. 시민의 날 행사를 한다고 포스터가 붙어 있어요.

나레카   시민의 날 행사요? 그게 뭐예요? 전 행사에 한 번도 참여해 본 적이 없어서요.

자 가   우리 지역 시민들을 위해 체육 대회, 노래자랑 등 여러 행사가 열려요. 저기 체육 대회에서 1등을 하면 상품으로 텔레비전을 준대요.

나레카   정말 텔레비전을 준다고요? 그럼 저도 한번 나가 봐야겠어요.

자 가   어, 자선 바자회도 있나 봐요.

나레카   자선 바자회라고요? 그건 또 뭐예요?

자 가   집에서 안 쓰는 물건을 싸게 팔아서 그 수익금을 어려운 이웃에게 기부하는 거예요.

나레카   안 쓰는 물건을 팔 수 있다고요? 저도 집 정리를 하려고 했는데 정리하는 김에 안 쓰는 물건을 좀 모아 봐야겠어요. 그럼 불우한 이웃에게 조금이나마 도움이 되겠죠?

 발음

- 1등[일뜽]
- 수익금을[수익끄믈]
- 되겠죠[되겓쪼]

☐ 포스터   ☐ 자선

| 사람1 | •행사 안내문을 보고 행사 내용을 친구에게 자세히 알려 주세요. |
| 사람2 | •친구에게 행사 내용에 대해 묻고 참여할 것에 대해서도 말하세요. |

	행사	행사 내용1	행사 내용2
1	시민의 날 행사	• 체육 대회, 노래자랑 등 여러 행사가 열리다 • 1등을 하면 텔레비전을 주다	• 자선 바자회 • 안 쓰는 물건을 팔다 / 집 정리 하다
2	김치 축제	• 김장하기 같은 행사가 열리다 • 직접 김장을 해서 가져갈 수 있다	• 김장 나눔 행사 • 내가 담근 김치로 불우한 이웃을 도울 수 있다 / 우리 집 김장을 하다
3	건강 박람회	• 무료 건강 검진을 해 주다 • 무료로 건강 검진을 받다	• 건강식품 시식 • 다양한 건강식품을 맛보다 / 건강식품을 구경하다
4	✎	✎	✎

표현

행사 내용에 대해 알려줄 때	행사 내용에 대해 물어볼 때
• 체육 대회도 하나 봐요. • 체육 대회에서 1등을 하면 텔레비전도 준대요. • 자선 바자회도 있나 봐요. • 사람들이 음식이나 집에서 안 쓰는 물건을 싸게 파는 거예요.	• 시민의 날 행사요? 그게 뭔데요? • 뭐라고요? 상품으로 텔레비전을 준다고요? • 그리고 또 무슨 행사가 있대요? • 자선 바자회라고요? 그건 뭘 하는 거죠? • 안 쓰는 물건을 팔 수 있다고요?

들어 봅시다

에디 씨와 자가 씨가 이야기합니다. 다음을 잘 듣고 질문에 답하세요.　　　　Track 14-4

1. 두 사람이 이야기하고 있는 축제에 대해 알맞게 쓰세요.

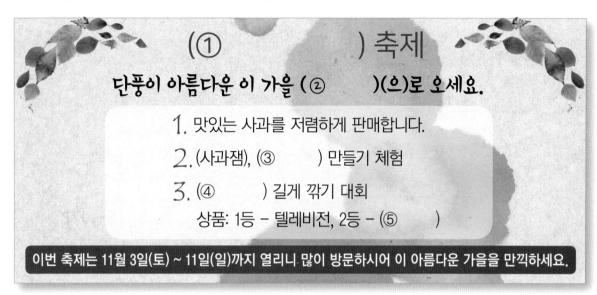

(① 　　　　　　) 축제

단풍이 아름다운 이 가을 (② 　　)(으)로 오세요.

1. 맛있는 사과를 저렴하게 판매합니다.
2. (사과잼), (③ 　　) 만들기 체험
3. (④ 　　) 길게 깎기 대회
　상품: 1등 – 텔레비전, 2등 – (⑤ 　　)

이번 축제는 11월 3일(토) ~ 11일(일)까지 열리니 많이 방문하시어 이 아름다운 가을을 만끽하세요.

📖 **읽어 봅시다**

축제 포스터입니다. 다음을 읽고 질문에 답하세요.

하늘공원 빛 축제에 여러분을 초대합니다!

넓은 공원에 펼쳐진 아름다운 불빛 아래에서 낭만적인 시간을 보내면서 잠시나마 마음의 여유를 가져 보세요.

기 간	10월 1일 ~ 12월 31일
시 간	저녁 6시~10시 * 주말에는 마감 시간 30분 연장
장 소	하늘 공원
입장료	성인 – 9000원, 청소년 – 7000원 36개월 미만 유아 무료
재즈 공연	매일 9:00~10:00

❖ 주의 사항

이 행사는 우천 시 취소됩니다.
주차 공간이 협소하니 대중교통을 이용하시기 바랍니다.

1. 이 포스터는 어떤 행사에 대한 것이에요?
（ 　　　　　　　　 ）

2. 맞으면 ○, 틀리면 ✕ 하세요.

1) 이 행사는 항상 10시에 끝나요. （ 　 ）
2) 행사는 비가 와도 진행돼요. （ 　 ）
3) 이 행사에 가면 음악도 들을 수 있어요.
　（ 　 ）
4) 주차 공간이 좁기 때문에 대중교통을 이용하는 것이 좋아요. （ 　 ）

1 다음의 축제에 대해 들어보거나 직접 참여해 본 적이 있습니까? 여러분이 알고 있는 지역 행사나 축제에 대해 이야기해 보고 여러분 나라의 행사나 축제도 친구들에게 소개해 보세요.

축제 / 행사	축제나 행사 정보
한국 보령 머드 축제	• 진흙을 이용하여 마사지를 하다. • 진흙을 이용하여 각종 놀이를 즐기다.
진해 군항제	• 한국에서 벚꽃이 가장 먼저 그리고 가장 아름답게 피는 곳에서 아름다운 벚꽃을 즐기다.
화천 산천어 축제	• 꽁꽁 언 강물 위에서 산천어 낚시를 하다. • 다양한 겨울 놀이를 즐기다.
태안 세계 튤립 축제	• 전 세계를 대표하는 다양한 튤립을 한자리에서 즐기다.
✎	✎

지역 축제에 가 봤어요?

🐾 여러분은 한국에서 축제에 가 본 적이 있어요?

한국에는 지역마다 계절마다 다양한 축제가 열려요. 축제 주제는 문화·예술, 지역 특산물, 전통문화, 주민 화합, 생태 자연이에요. 한국의 축제는 1980년대에는 100여 개에 불과했지만, 지금은 1,200개가 넘어요. 1995년 지방 자치제가 시작되면서 폭발적으로 늘어났어요. 여러분도 다양한 지역 축제에 참여해서 즐겨 보세요.

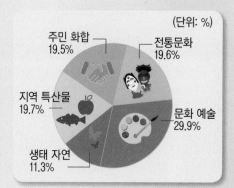

(단위: %)

- 주민 화합 19.5%
- 전통문화 19.6%
- 지역 특산물 19.7%
- 문화 예술 29.9%
- 생태 자연 11.3%

함평 나비 축제	보령 머드 축제	안동 국제 춤 페스티벌	화천 산천어 축제

전남 함평에서 나비, 꽃, 곤충을 주제로 열리는 축제예요. 생태 체험 학습을 할 수 있어서 아이들과 함께 참여하기에 좋아요.	충남 보령에서 열리는 머드 축제예요. 깨끗한 갯벌에서 채취한 머드로 마사지, 머드 씨름 대회 등 다양한 체험을 할 수 있어요.	경북 안동에서 열리는 전통문화 축제예요. 한국 탈춤뿐만 아니라 외국 탈춤도 볼 수 있어요. 체험할 수 있는 다채로운 프로그램도 있어요.	강원도 화천에서 열리는 겨울 축제예요. 빙판 위에서 낚시도 하고, 눈썰매를 탈 수도 있어요. 눈과 얼음 위에서 신나게 놀 수 있어요.

🐾 여러분의 나라에는 어떤 축제가 있어요? 그 축제에서는 무엇을 해요?

	축제 이름	축제 내용
나		
친구		

🐾 여러분은 한국에서 가 본 적이 있거나 가 보고 싶은 축제가 있어요?
축제 이름 / 열리는 계절 / 축제 장소 / 축제 내용에 대해 소개해 보세요.

더 심해지지 않도록 마스크를 꼭 하고 다녀요.

날씨는 우리 삶에 어떤 영향을 미칠까요?

여러분은 계절별로 사용하는 전자 제품이 있어요?

여러분은 지구 온난화에 대해 들어 봤어요? 지구 온난화로 인해 어떤 일이 일어나요?

따라 하세요

Track 15-1

- 황사와 미세 먼지로 인해 염증이 생겼대요.
- 더 심해지지 않도록 마스크를 꼭 하고 다녀요.
- 그만큼 환경이 우리 삶에 미치는 영향이 정말 큰 것 같아요.

❶ 황사   ❷ 마스크   ❸ 공기 청정기
❹ 제습기   ❺ 가습기

예문

- 요즘 아이의 진로 문제로 인해 고민이 많다.
- 태풍으로 인해서 홍수가 났다.

형태

~로 인해(서)	~으로 인해(서)
교통사고로 인해서	환경 오염으로 인해서
스트레스로 인해서	독감으로 인해서

지금 뉴스에서 뭐라고 했어요?

폭설로 인해 길이 막히고 있대요.

폭설 / 도로 정체

활용　무엇 때문에 어떤 일이 일어났는지 이야기해 보세요.

	질문	원인 / 결과
1	왜 그렇게 재채기를 계속해요?	먼지 / 코가 간지럽다
2	왜 그렇게 두통이 심해요?	과로 / 머리가 아프다
3	새 건물 같은데 왜 공사를 하고 있어요?	지진 / 벽에 금이 가다
4	두 사람은 왜 사이가 안 좋아요?	오해 / 말다툼을 하다

왜 그렇게 재채기를 계속해요?

먼지로 인해 코가 간지러워서 그래요.

이제 한국 음식이 입에 맞아요?

그럼요, 이제 한국 음식도 고향 음식만큼 맛있어요.

메뉴

간장게장
생선조림
김치찌개
된장찌개
제육덮밥
쌈밥정식

예문
- 저도 자가 씨만큼 한국어를 잘하고 싶어요.
- 설악산도 한라산만큼 무척 아름다워요.

형태

만큼
친구만큼
한국 음식만큼

활용 다음 질문에 대해 크기나 정도를 비교해서 이야기해 보세요.

	질문	비교
1	고향은 어떤 곳이에요?	섬 / 제주도 – 아름답다
		수도 / 서울 – 복잡하다
2	새집은 어때요?	주택 / 운동장 – 넓다
		아파트 / 예전 집 – 교통이 편하다
3	한국어를 배워 보니까 어때요?	중국어 – 어렵다
		일본어 – 쉽다

나트 씨의 고향은 어떤 곳이에요?

제 고향은 섬인데 제주도만큼 아름다워요.

−도록

- 사람들이 구급차가 지나가도록 길을 비켜 줬어요.
- 시험 시간에 늦지 않도록 빨리 와야 해요.

형태

도록	
가도록	찾도록
편하도록	가깝도록

아이가 감기에 자주 걸려서 걱정이에요.

겨울철에 건조하면 감기에 쉽게 걸려요. 건조하지 않도록 가습기를 자주 틀어 주세요.

| 활용 | 한 일의 목적에 대해 이야기해 보세요. |

	질문	목적 / 한 일
1	아기가 정말 건강하네요!	아기가 건강하게 자라다 / 여러 가지 이유식을 먹이다
2	달력에 있는 표시는 뭐예요?	생일이나 기념일을 잊어버리지 않다 / 표시해 두다
3	지하철에 있는 분홍색 좌석은 뭐예요?	임산부가 언제든지 앉을 수 있다 / 배려한 좌석이다

가: 아이가 정말 건강하네요!

나: 아이가 건강하게 자라도록 여러 가지 이유식을 먹이고 있어요.

15과 더 심해지지 않도록 마스크를 꼭 하고 다녀요.

예문

- 지금 마실 게 우유뿐이에요.
- 제가 지금 가진 돈은 천 원뿐이에요.

형태

뿐
한국어뿐
가족뿐

활용 어떤 것만 있는지, 어떤 것만 할 수 있는지 이야기해 보세요.

	질문	대답
1	어떤 외국어를 할 수 있어요?	제가 할 수 있는 외국어 – 한국어
2	교실에 누가 있어요?	교실에 있는 사람 – 저
3	선생님 전화번호가 있어요?	제가 아는 것 – 이메일
4	그 식당에는 어떤 메뉴가 있어요?	식당에 있는 메뉴 – 설렁탕과 곰탕

어떤 외국어를 할 수 있어요?

제가 할 수 있는 외국어는 한국어뿐이에요.

Track 15-2

 **동영상을 봅시다** | 엔젤 씨가 황사와 미세 먼지로 인해 몸이 안 좋습니다.

Movie 01

💬 엔젤 씨는 왜 눈과 목이 아파요?

💬 나트 씨는 엔젤 씨에게 어떤 조언을 해 줬어요?

나트   엔젤 씨, 어디 안 좋아요?

엔젤   며칠 전부터 눈과 목이 아파서 병원에 갔더니 황사와 미세 먼지로 인해 염증이 생겼대요.

나트   그래요? 미세 먼지가 심한 날에는 마스크를 해야 한대요. 더 심해지지 않도록 마스크를 꼭 하고 다녀요.

엔젤   네, 그래야겠어요.

나트   그리고 공기 청정기를 사용하는 것도 좋아요. 예전에는 공기 청정기를 사용하는 사람은 특별한 사람들뿐이라고 생각했는데 요즘은 학교나 직장에서도 많이 사용하더라고요.

엔젤   맞아요. 미세 먼지 때문에 마스크를 쓰는 것도 예전에는 상상도 못 한 일이에요.

나트   그만큼 환경이 우리 삶에 미치는 영향이 정말 큰 것 같아요.

발음   Track 15-3 🎧

• 염증[염쯩]

• 않도록[안토록]

☐ 미치다   ☐ 영향

사람1	•환자입니다. 날씨로 인한 문제 때문에 병원에 갔다 왔습니다.

사람2	•건강에 대해 조언해 주는 사람입니다. 조언해 주고 대기 오염으로 인한 날씨 변화에 대해 말하세요.

	사람1	사람2
1	눈과 목이 아프다 / 황사와 미세 먼지 / 염증이 생기다	마스크를 쓰다 / 공기 청정기를 사용하다
2	눈이 따갑다 / 심하게 건조한 날씨 / 안구 건조증이 생기다	가습기를 사용하다 / 인공 눈물을 사용하다
3	콧물이 나다 / 황사와 미세 먼지 / 알레르기를 일으키다	마스크를 쓰다 / 알레르기 약을 먹다
4		

표현

증상에 대해 걱정할 때	증상에 대한 걱정을 듣고 대답할 때
• 어디 안 좋아요? • 기침을 계속하는데 괜찮아요? • 병원에는 가 봤어요?	• 황사와 미세 먼지로 인해 염증이 생겼대요. • (마스크를 쓰는) 일은 상상도 못한 일이에요. • 그만큼 환경이 우리 삶에 미치는 영향이 정말 큰 것 같아요.

들어 봅시다

💡 엔젤 씨가 나트 씨에게 뉴스 내용에 대해 이야기합니다. 다음을 잘 듣고 질문에 답하세요. Track 15-4 🎧

1. 엔젤 씨가 본 뉴스에 대한 내용으로 맞는 것을 고르세요.

① 날씨가 취미에 미치는 영향   ② 날씨가 음식에 미치는 영향

③ 날씨가 생활에 미치는 영향   ④ 날씨가 농사에 미치는 영향

2. 다음 중 맞는 것을 고르세요.

① 봄철에 제습기 판매량이 증가했어요.   ② 날씨가 더우면 드론 판매량이 증가해요.

③ 도시락은 날씨가 좋은 날에 가장 잘 팔려요.   ④ 날씨 보험은 야외 행사 업체에 도움이 될 거예요.

💡 '날씨 마케팅'에 관한 기사입니다. 기사를 읽고 다음 질문에 답하세요.

날씨에 따라 울고 웃는 산업

- 날씨가 구매를 좌우한다 -

한국기상산업진흥원에 따르면 세계 경제의 80%는 날씨로 인해 직간접적인 영향을 받는다고 한다. 날씨에 영향을 크게 받는 음료, 주류, 빙과류 같은 상품이나 패션 업계에서는 날씨 정보를 통해 재고량을 줄이고 매출을 증대시킬 수 있도록 힘쓰고 있다. 이렇듯 날씨 정보는 단순히 재해 예방뿐 아니라 마케팅에도 두루 활용된다. 날씨 마케팅은 날씨가 소비자 구매 심리에 작용함을 착안해 마케팅을 펼치는 것을 말한다.

특히 놀이공원 같은 곳은 날씨에 따라 관람객 수의 차이가 크다. 날씨에 따라 차이가 크므로 날씨가 좋으면 음식의 양과 직원을 늘리고 날씨가 나쁘면 음식의 양과 직원을 줄여 운영하고 있다. 또한 첫눈이 내리는 날에 평균보다 3배 이상 통화량이 많아지는 것을 이용해 이동 통신사 업체는 첫눈이 내리는 날에 추첨하여 상품권을 주거나 크리스마스에 눈이 오면 신규 가입자에게 선물을 주는 등 다양한 마케팅을 하고 있다. 커피숍에서는 비가 오는 날에 음료 구입 시 한 잔을 무료로 제공하거나 우산을 주는 등 소비자의 매장 방문과 구매 유도를 하고 있다.

이렇듯 기업들은 날씨 정보를 상품의 생산과 판매뿐 아니라 수익을 낼 수 있도록 활용하고 있다.

1. '날씨 마케팅'에 대한 설명으로 맞는 것을 고르세요.

① 날씨를 미리 알고 준비하는 것이에요.
② 날씨 정보를 활용해 소득을 올리는 것이에요.
③ 날씨가 좋으면 제품을 더 많이 사는 것이에요.
④ 날씨를 예상하고 여러 사람에게 알리는 것이에요.

2. 다음 중 맞는 것을 고르세요.

① 한국은 크리스마스에 통화량이 많아져요.
② 비가 오는 날 놀이공원에 가면 선물을 줘요.
③ 이동 통신사 업체는 추첨 행사로 마케팅을 해요.
④ 눈이 오는 날 커피숍에서는 커피를 사면 우산을 제공해요.

1 '지구 온난화의 영향'에 대한 기사를 읽고 다음 질문에 답하세요.

지구 온난화가 만든 나쁜 날씨

– 날씨가 경제에 미치는 영향 –

지구 온난화로 인해 가뭄, 폭염, 폭우, 폭설, 한파 등 이상 기후가 세계 곳곳에서 일어나고 있다. 이러한 기후 변화로 인해 세계 경제는 몸살을 앓고 있다.

특히 더운 날씨와 빈곤의 상관관계는 뚜렷하다. 한 연구 결과에 따르면 평균 기온이 1도 상승하면 한 사람당 GDP가 8.5% 적어진다고 한다.

폭염으로 인해 야외 활동을 하지 않고 집 안에서 인터넷으로 쇼핑을 하거나 홈쇼핑을 이용하는 소비자가 늘고 더운 낮을 피해 저녁 시간에 쇼핑을 하는 사람이 많이 늘었다. 또한 폭염과 집중 호우로 인해 제습기 판매량이 급증하기도 했다.

가뭄은 농작물에 직접적인 영향을 주는데 엘니뇨로 인해 가뭄이 심해지면서 아시아 사탕수수 2위 생산국인 인도 사탕수수 재배량이 줄었다. 그리고 세계 최대 사탕수수 생산국인 브라질에서는 큰 홍수로 인해 설탕 공급에 차질이 생기면서 설탕 가격이 오르기도 했다.

또한 2013년 12월에는 이집트에 폭설이 내려 스핑크스가 눈에 덮이고 교통이 마비되어 관광 산업에 손해를 입었다. 2014년에는 전 세계에 내린 폭설로 인해 제설 작업에 소금을 대량 소비하면서 2015년에는 소금값이 크게 오르기도 했다.

이렇듯 기후 변화는 우리 생활과 소비 행태에 많은 변화를 가져오고 있다.

1. 지구 온난화로 인해 어떤 기후 변화가 생겼어요?

2. 더운 날씨와 빈곤은 어떤 관계가 있어요?

3. 폭염으로 인해 소비 행태가 어떻게 변했어요?

4. 가뭄으로 인해 무슨 일이 생겼어요?

5. 폭설로 인해 무슨 일이 생겼어요?

뉴스가 너무 무서워요.

🐻 여러분은 자연재해에 대한 뉴스를 보고 어떤 생각이 들었어요?

극심한 더위와 추위, 홍수와 가뭄 등 예기치 못한 자연재해로 목숨을 잃는 사람이 해마다 늘고 있어요. 이러한 자연재해는 환경 파괴로 인한 지구 온난화의 결과예요. 지구 온난화에 따른 기후 변화는 자연재해뿐만 아니라 생태계에도 큰 피해를 주고 있어요. 하지만 지구 온난화는 자연적으로 일어나는 현상이 아니기 때문에 노력하면 온실가스를 줄일 수 있어요. 최근에는 뉴스를 보기가 겁날 정도로 세계 여러 곳에서 지진도 많이 일어나요.

지구 온난화는 왜 생겨요?	지구 온난화는 어떤 피해를 줘요?	지구 온난화는 어떻게 예방해요?
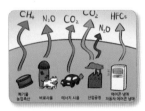	 	
• 공장에서 물건을 생산할 때 발생하는 이산화탄소 • 운행 중인 자동차에서 발생하는 이산화탄소 • 소, 돼지의 분뇨, 음식물 쓰레기 등에서 발생하는 메탄가스(온실 가스의 양이 많아져서 일어나요.)	• 가뭄　• 폭설 • 홍수　• 폭염 • 한파　• 황사 • 폭우　• 해수면 • 빙하 감소　높이 상승	• 나무를 심고 가꾸기 • 일회용품 사용하지 않기 • 쓰레기 줄이고 재활용하기 • 에어컨 사용 자제하기 • 대중교통 이용하기 • 에너지 소비 효율이 높은 가전제품 사용하기

⚠ 긴급재난문자　　　(수) 오후 4:50 📶

👤 긴급재난문자
[기상청] 11-15 16:49 경북 포항시 북구 북쪽 8Km 지역 규모 4.6 지진 발생/여진 등 안전에 유의 바랍니다.

태풍, 홍수, 폭설, 지진, 쓰나미, 전쟁 등 각종 재난이 발생했을 때 '삐'하는 경고음과 함께 재난 문자가 와요. 2017년부터는 미세 먼지도 추가되었어요.

🐻 여러분의 나라에서는 어떤 자연재해가 일어났어요? 왜 일어났어요?

	자연재해	일어난 이유
나		
친구		

16

...실 수료식 **❶**

한국에서 잘 적응할 수 있을까 불안한 마음이 컸었습니다.

> 이 사람은 지금 무엇을 하는 것 같아요?

> 여러분은 이런 발표를 해 본 적이 있어요?

> 여러분은 이런 자리에서 어떤 이야기를 하고 싶어요?

따라 하세요

Track 16-1 🎧

- 시간이 정말 쏜살같이 지나간 것 같습니다.
- 한국에서 잘 적응할 수 있을까 불안한 마음이 컸었습니다.
- 한국 문화를 몰라 오해를 한 적도 있었습니다.

게 시 판

다문화가족
한국어 말하기 대 **❸**

❶ 수료식   ❷ 청중   ❸ 포스터   ❹ 사회자   ❺ 무대

예문

- 엔젤 씨한테서 전화가 왔었어요.
- 어렸을 때는 동생과 자주 싸웠었어요.

형태

-았었어요	-었었어요
만났었어요	배웠었어요
봤었어요	먹었었어요
했었어요	
여행했었어요	
사용했었어요	

엔젤 씨, 사만나는 키가 많이 컸네요. 지난번에 봤을 때는 작았었는데 정말 많이 컸어요.

네, 요즘 부쩍 크는 것 같아요.

활용

여러분이 처음 한국에 왔을 때와 지금이 어떻게 달라졌는지 이야기해 보세요.

		한국에 처음 왔을 때	변화된 모습
1	한국어 실력	글자도 잘 못 읽다 / '안녕하세요?'밖에 할 줄 모르다	한국 사람이 하는 말을 대부분 알아듣다 / 어느 정도 유창하게 말하다
2	한국 음식	맵다 / 입에 맞다	아무거나 다 잘 먹다
3	한국 사람	낯설다 / 무슨 말을 해야 할지 몰라서 어색하다	한국 친구도 많이 생기다
4	한국 가족 / 친구	한국말을 못 하니까 저를 불편해하다	가족처럼 편하게 지내다
5	한국에서 하는 일	뭘 어떻게 해야 하는지 몰라서 우왕좌왕하다	후배에게 일을 가르쳐 줄 정도이다

가: 한국에 온 지 얼마나 됐죠?

나: 저는 4년 정도 됐어요. 시간 진짜 빠르네요. 엊그제 같은데.

가: 맞아요. 저도 처음 한국에 왔을 때 글자도 잘 못 읽었었는데 지금은 한국 사람이 하는 말을 대부분 알아듣게 됐어요.

예문

- 중학교 때 살았던 곳에 오랜만에 가 봤어요.

- 결혼할 때 입었던 한복이에요.

형태

–았던	–었던	했던
갔던	마셨던	신청했던
받았던	먹었던	수리했던

활용 　여러분이 가지고 있는 가장 소중한 물건에 대해 이야기해 보세요.

	소중한 물건	언제
1	사진 속의 반지	남편이 프러포즈할 때 받다
2	목걸이	할머니가 돌아가실 때 주시다
3	사진	한국에 오기 전에 가족들과 찍다
4	배냇저고리	아이가 처음 태어났을 때 입다
5	한국어책	한국에 처음 와서 한국어를 배울 때 사용하다

가: 이 사진 속의 반지는 어떤 반지예요?

나: 남편이 프러포즈할 때 받았던 반지예요.

가: 그게 이 반지예요? 정말 예쁘네요.

나: 네, 맞아요. 시간이 정말 빠르네요.

예문

- 한국말을 잘하길래 한국에 오래 산 줄 알았어요.
- 아침에 날씨가 춥길래 좀 많이 입었어요.

형태

-길래
가길래
팔길래

계속 수업에 안 오길래 고향에 돌아간 줄 알았어요.

선생님, 안녕하세요? 결석을 많이 해서 죄송합니다.

활용

여러분은 다음과 같은 질문을 들어 본 적이 있어요? 처음에 어떻게 생각했어요? 지금은 그 이유를 알게 됐어요?

	한국인의 말	그때 했던 생각	알게 된 사실
1	"몇 살이에요?"	처음 만나자마자 나이를 묻다 / '한국 사람들은 왜 이런 질문을 할까?'라고 생각하다	높임말을 써야 하는지 알기 위해서이다.
2	"어디 가요?"	만날 때마다 어디 가냐고 묻다 / 나한테 관심이 많은 줄 알았다	인사말 중 하나이다.
3	"밥 먹었어요?"	만날 때마다 밥 먹었냐고 묻다 / 같이 먹고 싶은 줄 알았다	친근한 인사말이다.
4	"지금 어디예요?"	전화할 때마다 지금 어디냐고 묻다 / 정말 내가 어디에 있는지 궁금한 줄 알았다	전화를 할 수 있는 상황인지 확인하는 것이다.

가: 한국에 처음 왔을 때 생각나죠?

나: 네, 한국 사람들이 처음 만나자마자 나이를 물어보길래 '한국 사람들은 왜 이런 질문을 할까?'라고 생각했어요.

가: 맞아요. 저도 그랬어요. 그런데 그거 높임말을 쓰기 위해서 물어보는 거잖아요.

한국 생활 회상하며 소감 발표하기　　

🎥 **동영상을 봅시다**　에디 씨가 다문화가족지원센터 한국어 과정 수료식에서 소감을 발표합니다.

Movie 01

💬 에디 씨는 처음 한국에
　　왔을 때 어떤 기분이었다고
　　해요?

💬 에디 씨의 지금 생활은
　　어떻다고 해요?

에디　여러분, 안녕하세요? 이번에 한국어 과정을 수료하게 된 에디라고 합니다. 한국에 온 지 벌써 4년이 됐는데 시간이 정말 쏜살같이 지나간 것 같습니다. 제가 처음 인천공항에 도착했을 때는 여름이었는데 너무 더워서 한국에서 잘 적응할 수 있을까 불안한 마음이 컸었습니다. 그런데 막상 생활을 해 보니까 날마다 재미있는 일도 많이 생기고 친절한 한국 사람도 많이 만나서 잘 적응할 수 있었습니다. 하지만 한국 문화를 몰라 오해를 한 적도 있었습니다. 한국 사람들이 만날 때마다 밥 먹었냐고 물어보길래 한국 사람들이 모두 저하고 밥을 먹고 싶은 줄 알았습니다. 그런데 지금은 그것이 한국 사람들이 저를 챙겨 주는 말이라는 것을 알게 되었습니다. 제가 이렇게 한국에서 잘 생활할 수 있었던 것은 모두 선생님들 덕분이라고 생각합니다. "안녕하세요?"밖에 못했던 제가 이제는 한국 사람과 다양한 이야기도 하고 직장도 다닐 수 있게 해 주셨습니다. 다시 한번 감사 말씀을 드리고 싶습니다.

발음　　Track 16-3

• 여름이었는데[여르미언는데]

☐ 수료　　☐ 오해하다

사람1 • 수료식에서 자신의 과거를 회상하며 소감을 발표해 보세요.

	사람1		
	자기소개	첫인상	오해한 일 – 알게 된 것
1	에디 / 4년	여름: 너무 덥다	한국 사람들이 만날 때마다 "밥 먹었어요?"/ 나하고 밥 먹고 싶은 줄 알았다 – 챙겨 주는 말
2	나레카 / 3년	겨울: 너무 춥다	처음 만난 한국 사람들이 "몇 살이에요?" / 한국 사람들이 예의가 없는 줄 알았다 – 높임말 사용 때문
3	자가 / 5년	장마: 습기가 많고 무덥다	한국 사람들이 만날 때마다 "어디 가요?"/ 나한테 관심이 정말 많은 줄 알았다 – 친근한 인사말
4	✎		✎

표현

시간이 빠르다는 느낌을 말할 때	과거를 회상하며 말할 때
• 한국에 온 지 벌써 4년이 되었습니다. • 한국에 온 게 엊그제 같은데 벌써 4년이 지났습니다. • 시간이 쏜살같이 지나간 것 같습니다. • 시간이 어떻게 지나갔는지 모르겠습니다.	• 그때는 여름이었는데 날씨가 너무 더웠었습니다. • 그 당시 한국에서 잘 적응할 수 있을까 불안한 마음이 컸었습니다. • 돌이켜 보면 한국 문화를 몰라 오해도 많이 했었습니다. • 그때는 그런 줄 몰랐습니다.

🎧 들어 봅시다

💡 다음 기자가 소개하고 있는 전시회에 대해 알맞게 쓰세요.　　　　　　　　Track 16-4 🎧

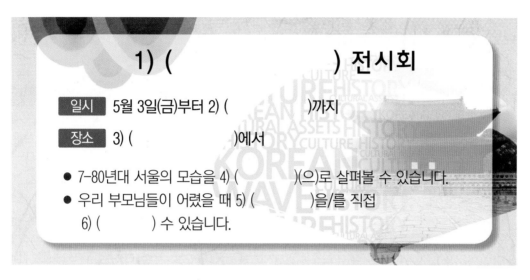

1) (　　　　　　　　　　) 전시회

일시 5월 3일(금)부터 2) (　　　　　　)까지

장소 3) (　　　　　　　)에서

- 7-80년대 서울의 모습을 4) (　　　　　　)(으)로 살펴볼 수 있습니다.
- 우리 부모님들이 어렸을 때 5) (　　　　　)을/를 직접
  6) (　　　　) 수 있습니다.

📖 읽어 봅시다

💡 다음을 읽고 질문에 답하세요.

> 　한국에서 가장 많이 받는 질문 중의 하나가 "한국 음식이 입에 맞느냐?", "너무 맵지 않으냐?"라는 것이다. 그것은 아마도 내가 한국에 사는 외국인이기 때문일 것이다. 그런데 정작 힘든 것은 먹는 음식이 아니라 '먹다'라는 단어 자체이다. 이 단어는 쓰임이 너무 넓어 이해하기가 힘든 경우가 많다. 예를 들어 설날이 되면 떡국만 먹는 게 아니라 '한 살을 더 먹기'도 한다. 그래서 떡국을 먹으면 이마에 주름이 생길까 봐 '겁을 먹기'도 했다. 주름이 진짜로 하나 더 는 것을 발견했을 때는 '충격을 먹기'도 했다. 심지어 사람들과 사귀면서 '친구 먹는다'라는 말도 들었다. '먹다'라는 단어의 이런 쓰임만 봐도 한국말이 얼마나 어려운지 알 수 있다. 결국 외국어를 배운다는 것, 특히 영어 원어민으로서 한국어를 배우는 것은 이렇게 어휘와 발음과의 싸움으로 끝나지 않는다. 그것은 외국어 공부가 세상을 보고 느끼고 이해하며 또 다른 사고방식과 문화를 습득해야 하는 과정이기 때문일 것이다. 따라서 이런 것들을 제대로 습득하는 것이 외국어를 잘 익히는 지름길일 것이다.

1. 이 사람은 외국어를 잘 배우는 가장 좋은 방법은 어떤 것이라고 했어요?

_____

2. 맞으면 ○, 틀리면 ✕ 하세요.

1) 이 사람은 아직 한국 음식이 입에 맞지 않아요.　　　　　　　　　　　(　)

2) 이 사람은 '먹다'라는 단어의 쓰임이 넓어 이해하기 어려워해요.　　　(　)

1 처음 한국에 왔을 때와 지금(현재)을 비교해서 어떤 변화가 있었는지 친구와 이야기해 보세요.

처음 왔을 때	내용	현재
• 매운 음식을 전혀 못 먹었었다. • •	식성	• 아무리 매워도 다 잘 먹는다. • •
• 느긋했었다. • •	성격	• 급해졌다. • •
• 옷차림에 별로 신경 쓰지 않았었다. • •	패션	• 충동구매를 많이 한다. • •
🖉	인간관계	🖉
🖉	사고방식	🖉

외국인을 위한 복지에는 무엇이 있나요?

🐾 여러분은 한국에서 어떤 복지 서비스를 받을 수 있는지 알고 있어요?

한국은 외국인이 안정적으로 생활할 수 있도록 한국어 교육을 비롯하여 기초 생활 보장, 국민연금 등 여러 가지 지원을 하고 있어요. 지원 대상자가 되는 일정한 조건을 갖추면 누구나 복지 서비스를 받을 수 있어요.

방문 교육 서비스	의료 지원 서비스	긴급 복지 서비스

• 한국어 교육 서비스 • 부모 교육 서비스 • 자녀 생활 서비스 교육을 받기 힘든 상황에 놓인 이민자나 한국 생활 적응과 한국어 교육이 필요한 외국인 자녀들을 위해 가정을 방문해서 지원해 줘요.	입원 및 수술 시 총 500만 원 범위 내에서 총 진료비의 90퍼센트를 지원해 줘요. 질병에 걸렸을 때, 인간으로서 누려야 할 최소한의 건강한 삶의 질을 보장하기 위해 지원해 줘요.	1인 428,000원부터 6인 1,585,100원까지 구성원의 인원수에 따라 지원해 줘요. 갑작스러운 위기 상황으로 생계가 곤란한 경우 생계비, 주거비 등을 일시적으로 지원해 줘요.

🐾 여러분은 한국에서 어떤 복지 서비스를 받고 있어요?

	받고 있는 서비스
나	
친구	

출처: 복지로(www.bokjiro.go.kr)

모범 답안

1과 선생님과 친구들이 도와준 덕분입니다.

과제 ❶ 들어 봅시다

1. ① 육아, ③ 직장 일
2. 아이 돌봄 서비스, 아이를 돌보는 분이 집에 와서 아이를 돌봐 주는 서비스
3. ③ 주민 센터에 전화해 볼 거예요.

과제 ❶ 읽어 봅시다

1. 이번 주 금요일까지 담임 선생님에게 신청서를 내면 돼요.
2. 1) ×
   2) ×
   3) ○

2과 야간만 아니면 괜찮아요.

과제 ❶ 들어 봅시다

1. ② 마트
2. ③ 나트 씨는 한국어 수업이 있을 때 아르바이트를 하고 싶지 않아요.

과제 ❷ 읽어 봅시다

1. 1) ○
   2) ×
2. 1) 판매 아르바이트를 해 본 사람
   2) 외국어를 할 수 있는 사람

3과 성격도 밝고 친구가 얼마나 많은지 몰라요.

과제 ❶ 들어 봅시다

1. ③ 긴장했어요.
2. ④ 아이와 같이 책을 사러 서점에 가요.

과제 ❷ 읽어 봅시다

1. ④ 상담하고 싶은 것을 미리 써야 해요.
2. ③ 아이의 남자 친구에 대해 알고 싶어 해요.

4과 자격증이 있어야 일할 수 있나요?

과제 ❶ 들어 봅시다

1. ④ 에디 씨는 한국에서 영어를 가르친 경험이 있어요.
2. 이력서, 자기소개서

도전

1. 1) ② 용인
2. 2) ② 나트 씨는 통역 일을 한 적이 있다.

5과 한국어 말하기 연습을 더 많이 할걸 그랬어요.

과제 ❶ 들어 봅시다

1. ② 취업 박람회
2. ④ 한국어 말하기 연습을 많이 안 한 것을 후회해요.

과제 ❷ 읽어 봅시다

1. ② 면접 일정을 알려 주려고
2. ① 회의실은 5층에 있어요.
   ④ 이 사람은 5월 20일에 서울무역에 가야 해요.

6과 그 회사에 합격하다니 정말 대단해요.

과제 ❶ 들어 봅시다

1. 회사를 옮기려고 취업 박람회에 가요.
2. ② 여자는 복지가 좋은 회사에 취직하고 싶어 해요.

7과 움직이지 말고 쉬게 하세요.

과제 ❶ 들어 봅시다

1. ② 병원
2. ① 남자는 아이가 아파서 걱정을 해요.

과제 ❷ 읽어 봅시다

1. 1) ×
   2) ○
2. ④ 정보를 검색한 후 다운로드를 할 수 있어요.

8과 가족관계증명서 발급 방법에 대해 물어보려고요.

과제 ❶ 들어 봅시다

1. ② 출생증명서, 신분증
2. ② 출산 장려금은 사는 곳마다 달라요.

과제 ❷ 읽어 봅시다

1. ④ 태어난 지 1년이 되지 않은 아이가 있는 가족
   ② 신청한 달부터 1년 동안 전기 요금을 할인받았어요.

1. 1) 아니요, 받을 수 없다.

   2) 아동 출생 후 2개월(출생일 포함 60일) 이내에 해야 된다.

   3) 지역마다 다르다. 둘째 아이부터 주는 지역도 있고 셋째 아이부터 주는 곳도 있다. 그리고 금액도 50만 원에서 100만 원으로 다르다.

9과 문제가 해결되지 않는 한 더 이상 일을 못 해요.

과제 ① 들어 봅시다

1. ③ 고용노동부에 직접 가야 정보를 알 수 있어요.

2. 근로계약서나 임금 통장을 미리 준비해서 가면 도움이 돼요.

1. 회사를 그만둘 때 받는 돈이다.

2. 인원: 5인 이상

   근무 기간: 1년 이상

3. ④ 고용노동부에 직접 가서 또는 홈페이지에서 신고한다.

10과 어제는 참으려야 참을 수가 없어서 결국 다투고 말았어요.

과제 ① 들어 봅시다

1. ③ 뒤에 앉은 사람이 영화관에서 나가 버려서 짜증이 났어요.

2. ① ×

   ② ○

   ③ ×

11과 고등어조림 하는 것 좀 가르쳐 주세요.

과제 ① 들어 봅시다

1. 시금치나물

2. ④ 시금치나물은 김밥이나 잡채를 만들 때도 사용할 수 있어요.

3. 시금치를 다듬어서 씻어요. → 물을 끓여요. → 끓는 물에 시금치를 데쳐요. → 찬물로 씻고 꼭 짜요. → 시금치를 양념에 무쳐요.

12과 학교에서 공개 수업을 한다고 학교에 오셔야 한대요.

과제 ① 들어 봅시다

1. 장소: 1학년 2반 교실

   일시: 6월 13일 금요일 3시

2. 1) ×

   2) ○

   3) ○

과제 ② 읽어 봅시다

1. 햇빛유치원 원장 강소라 씨가 학모님들에게

2. 장소: 햇빛유치원 강당

   일시: 다음 주 금요일 오후 6시

13과 그렇게 발표를 잘할 줄 몰랐어.

과제 ① 들어 봅시다

1. ② 학부모 면담

2. ① 사만나는 노래도 잘하고 춤도 잘 춰요.

과제 ② 읽어 봅시다

1. 1) ○

   2) ×

2. ① 칭찬

14과 정말 텔레비전을 준다고요?

과제 ① 들어 봅시다

1. ① 문경 사과

   ② 문경

   ③ 사과 주스

   ④ 사과 껍질

   ⑤ 백화점 상품권

과제 ② 읽어 봅시다

1. 1) 하늘공원 빛 축제에 대한 것이에요.

2. 1) ×

   2) ×

   3) ○

   4) ○

15과 더 심해지지 않도록 마스크를 꼭 하고 다녀요.

과제 1 들어 봅시다

1. ③ 날씨가 생활에 미치는 영향
2. ④ 날씨 보험은 야외 행사 업체에 도움이 될 거예요.

과제 2 읽어 봅시다

1. ② 날씨 정보를 활용해 소득을 올리는 것이에요.
2. ③ 이동 통신사 업체는 추첨 행사로 마케팅을 해요.

도전

1. 1) 가뭄, 폭염, 폭우, 폭설, 한파 등의 이상 기후가 세계 곳곳에 일어나고 있다.
   2) 평균 기온이 1도 상승하면 한 사람당 GDP가 8.5% 적어진다.
   3) 야외 활동을 하지 않고 집 안에서 인터넷으로 쇼핑을 하거나 홈쇼핑을 이용하는 소비자가 늘고 저녁 시간에 쇼핑을 하는 사람이 많이 늘었다.
   4) 아시아 사탕수수 2위 생산국인 인도 사탕수수 재배량이 줄었다.
   5) 2013년 12월에는 이집트의 스핑크스가 눈에 덮이고 교통이 마비되어 관광 산업에 손해를 입었고 2014년에 내린 폭설로 인해 2015년에 소금값이 크게 올랐다.

16과 한국에서 잘 적응할 수 있을까 불안한 마음이 컸었습니다.

과제 1 들어 봅시다

1. 1) (7-80년대 서울) 전시회
   2) (5월 25일)까지
   3) (서울역사박물관)에서
   4) (사진)으로 살펴볼 수 있습니다.
   5) (했던 놀이)를 직접
   6) (해 볼) 수 있습니다.

과제 2 읽어 봅시다

1. 그 나라와 사람들을 보고 느끼고 이해하며 또 다른 사고방식과 문화를 습득하는 것이 외국어를 잘 익히는 방법이라고 했어요.

2. 1) ×
   2) ○

1과 선생님과 친구들이 도와준 덕분입니다.

과제

학부모: 안녕하세요? 사만나 아빠시죠? 사만나 아빠가 하는 요리 수업이 그렇게 재미있다면서요?

미 셸: 그래요? 처음이라서 걱정이 많았는데 다행입니다.

학부모: 참 좋은 아빠신 것 같아요.

미 셸: 과찬이십니다. 일도 쉽지는 않지만 아이 키우는 것도 쉽지는 않은 것 같아요.

학부모: 맞아요. 저도 맞벌이 부부라서 남편과 집안일을 반반씩 하지만 그래도 아이 키우는 게 쉽지는 않더라고요. 혹시 사만나 엄마도 일을 하세요?

미 셸: 네, 아내가 일을 하는데 사만나까지 돌보느라 많이 힘들어 하는 것 같아요.

학부모: 그러세요? 그럼 주민 센터에 '아이 돌봄 서비스'를 신청하세요.

미 셸: '아이 돌봄 서비스'요?

학부모: 네, 저도 가끔 이용하고 있는데요. 주민 센터에 신청하면 아이를 돌보는 분이 집에 와서 아이를 돌봐 주는 서비스예요.

미 셸: 그런 게 있었군요. 정말 좋은 정보 감사합니다. 바로 알아봐야겠어요.

2과 야간만 아니면 괜찮아요.

과제

담당자: 안녕하세요? 무슨 일로 오셨어요?

나 트: 안녕하세요? 저는 여기 다문화가족지원센터에서 한국어를 배우는 학생인데요. 아르바이트를 찾으려면 어떻게 해야 해요?

담당자: 아, 어떤 아르바이트를 하고 싶어요?

나 트: 한국어를 쓸 수 있는 아르바이트를 하고 싶어요. 카페에서 일하든지 옷 가게에서 일하든지 다 괜찮아요.

담당자: 그래요? 센터 근처의 마트는 어때요? 거기에서 한국어와 영어를 할 수 있는 사람을 찾고 있어요.

나 트: 그래요? 좋을 것 같아요. 저는 한국어 수업이 있는 시간만 아니면 다 좋아요.

담당자: 그럼 제가 그 마트 연락처와 담당자를 알려 드릴게요. 한번 연락해 보세요.

3과 성격도 밝고 친구가 얼마나 많은지 몰라요.

과제

미셸: 오늘 담임 선생님 상담 어땠어요?

엔젤: 처음에는 긴장했는데 괜찮았어요.

미셸: 사만나 학교생활은 어떻대요?

엔젤: 성격도 밝고 친구도 많대요. 우리 아이가 학교생활을 잘하고 있대요.

미셸: 걱정했는데 다행이네요.

엔젤: 하하, 그렇죠? 저도 선생님에게 그렇게 대답했어요. 그리고 사만나가 노래에 소질이 있대요. 그래서 합창반 신청한댔어요.

미셸: 아이 소질을 빨리 찾았으니 잘 가르쳐야겠어요.

엔젤: 그리고 한국어 읽기가 조금 느리대요. 그림책 읽는 연습을 하랬어요.

미셸: 그럼 퇴근하면 매일 사만나하고 그림책을 읽어야겠어요.

엔젤: 말이 나온 김에 사만나하고 같이 그림책을 사러 갈까요?

미셸: 좋아요. 그렇게 해요.

4과 자격증이 있어야 일할 수 있나요?

과제

직원: 네, 글로벌 영어 학원입니다.

에디: 이번에 영어 강사로 지원하려고 하는데요. 영어 교원 자격증이 있어야 하나요?

직원: 교원 자격증은 없어도 돼요. 하지만 대학교를 졸업해야 지원할 수 있어요. 실례지만, 경력이 어떻게 되세요?

에디: 일본에서 3년, 한국에서 2년 가르쳤습니다.

직원: 네, 그럼 이력서와 자기소개서를 이메일로 보내 주세요.

에디: 알겠습니다. 감사합니다.

5과 한국어 말하기 연습을 더 많이 할걸 그랬어요.

과제

엔젤: 나트 씨, 오늘 취업 박람회에 간다고 했지요? 잘 갔다 왔어요?

나트: 네, 방금 갔다 왔어요. 그런데 거기에서 마침 현장 면접이 있었어요.

엔젤: 나트 씨도 면접을 봤어요?

나트: 네, 그런데 질문에 대답을 잘 못했어요. 이럴 줄 알았으면 한국어로 말하기 연습을 많이 해 둘걸 그랬어요.

엔젤: 기회는 또 있을 거예요. 이제부터 열심히 준비하면 돼요.

6과　그 회사에 합격하다니 정말 대단해요.

과제

남자: 지연 씨, 내일 취업 박람회에 같이 가요.

여자: 저는 취직 준비 중이니까 당연히 가려고 하는데 민수 씨는 왜요?

남자: 회사를 옮기려고요.

여자: 지금 다니는 회사도 좋지 않아요? 왜 이직하려고 해요?

남자: 지금 다니는 회사도 좋기는 한데 회사가 바빠서 휴가를 못 내니까 가족과 같이 보낼 시간이 너무 없어요.

여자: 아, 소문대로 바쁜 회사군요. 좀 덜 바쁜 회사로 옮기려고요?

남자: 네, 저는 아이들이 어려서 월급도 중요하지만 시간여유가 있었으면 좋겠어요. 지연 씨는 어떤 회사에 취직하고 싶어요?

여자: 저도 복지가 좋은 회사에 취직하고 싶어요. 여성 차별도 없는 그런 회사요.

남자: 그럼 내일 취업 박람회에서 같이 찾아봐요.

여자: 네, 내일 만나요.

7과　움직이지 말고 쉬게 하세요.

과제

간　호　사: 어디가 불편해서 오셨어요?

환자 보호자: 저희 아이가 계속 열이 나서요.

간　호　사: 또 다른 증상은 없고요?

환자 보호자: 아이가 어제부터 먹은 것을 계속 토했어요.

간　호　사: 아, 그래요? 그럼 먼저 체온을 좀 재겠습니다.

환자 보호자: 저희 아이 괜찮을까요?

간　호　사: 의사 선생님께서 진료하신 후에 말씀해 주실 거예요. 잠시만 기다리세요.

환자 보호자: 네, 알겠습니다.

8과　가족관계증명서 발급 방법에 대해 물어보려고요.

과제

자가: 나트 씨, 고향 친구가 아이를 낳았는데 출생 신고에 대해 아는 게 없대요. 출생 신고는 언제까지 하면 돼요?

나트: 출생 신고는 한 달 안에 안 하면 벌금을 내야 하니까 빨리 하는 게 좋아요.

자가: 그래요? 첫아이여서인지 아무것도 모르더라고요.

나트: 출생 신고는 주민 센터에 가서 하면 돼요. 출생증명서와 신분증이 필요해요. 그리고 가족관계증명서가 있으면 내용을 참고할 수 있어서 좋아요.

자가: 출생증명서, 신분증, 가족관계증명서를 잘 준비하라고 할게요.

나트: 그리고 집에서 아이를 키우면 나라에서 양육 수당을 주니까 꼭 신청하라고 하세요. 전기 요금도 할인해 주니까 꼭 신청해야 해요. 하지만 출산 장려금은 지역에 따라 다르니까 잘 알아보라고 하세요.

자가: 와, 저도 많이 배웠어요. 정말 좋은 혜택이 많네요.

9과　문제가 해결되지 않는 한 더 이상 일을 못 해요.

과제

직원: 어서 오세요. 무슨 일로 오셨나요?

자가: 커피숍에서 일하고 있는데 두 달째 월급이 밀렸어요. 사장님은 준다고 약속만 하고 안 주잖아요. 받을 수 있는 방법이 있나요?

직원: 노동법에 따라 외국인이라도 밀린 임금을 받을 수 있어요.

자가: 그래요? 그럼 어떻게 해야 해요?

직원: 고용노동부 홈페이지에 가면 정보를 자세히 알 수 있어요. 그리고 직접 가서 상담을 받을 수도 있어요.

자가: 고용노동부에 가기 전에 먼저 준비해야 하는 것은 없나요?

직원: 근로계약서나 임금 통장을 미리 준비해서 가면 도

움이 돼요.

10과 어제는 참으려야 참을 수가 없어서 결국 다투고 말았어요.

과제

엔젤: 나트 씨, 어제 영화 잘 봤어요?

나트: 네, 영화는 아주 재미있었어요. 그런데 뒤에 앉은 사람 때문에 아주 짜증이 났어요.

엔젤: 왜요?

나트: 영화를 보는 내내 팝콘을 시끄럽게 먹고 다리를 떨어서 영화를 볼 수가 없었어요.

엔젤: 정말 짜증이 났겠어요.

나트: 네, 정말 짜증이 났어요.

엔젤: 그런데 가만히 있었어요?

나트: 참으려고 했어요. 그런데 또 뒤에서 전화를 하는 거예요. 그래서 도저히 참으려야 참을 수가 없어서 화를 내고 말았어요.

엔젤: 그랬더니 가만히 있었어요?

나트: 아니요. 오히려 저한테 화를 내고 영화관에서 나가 버렸어요.

엔젤: 와, 정말 황당했겠어요.

나트: 네, 너무 황당했어요.

11과 고등어조림 하는 것 좀 가르쳐 주세요.

과제

여자: 선생님, 오늘은 어떤 요리 방법을 소개해 주실 건가요?

남자: 오늘은 한국의 나물 요리에 대해서 설명 드리겠습니다.

여자: 아, 네. 우리 어머님들께 큰 도움이 되겠네요.

남자: 한국의 나물 요리는 크게 두 가지 방법이 있습니다. 데쳐서 무치는 방법과 프라이팬에 재료를 넣고 볶는 방법입니다.

여자: 네, 시금치는 무치고 호박은 볶고 그렇게 두 가지 방법을 많이 사용한다는 말씀이시죠?

남자: 네, 맞습니다. 시금치나물은 아이들 김밥 만들 때나 잡채 만들 때도 들어가니까 배워 놓으면 많은 도움이 되죠.

여자: 그럼 시금치나물부터 시작해 볼까요?

남자: 네, 먼저 시금치를 다듬어서 씻어 놓고 냄비에 물

을 끓입니다. 물이 끓을 때 냄비에 시금치를 넣고 아주 잠깐 2분 정도만 데친 후에 바로 건져서 찬물로 씻어 줍니다. 데친 시금치를 꼭 짜고 이제 무치면 됩니다.

여자: 어떤 양념이 필요한가요?

남자: 양념은 소금, 마늘 다진 것, 참기름만 있으면 충분합니다.

여자: 고춧가루는 안 들어가나요?

남자: 매운 음식을 좋아하시면 넣으셔도 되지만 김밥이나 잡채에 활용하려면 안 넣는 것이 좋습니다.

12과 학교에서 공개 수업을 한다고 학교에 오셔야 한대요.

과제

사만나: 아빠, 우리 학교에서 아빠랑 같이 하는 행사를 한다고 같이 오래요.

미 셸: 무슨 행사인데?

사만나: 아빠하고 여러 가지 활동을 같이 한대요. 같이 요리도 하고, 게임도 하고, 노래도 하고 그런대요.

미 셸: 오, 정말? 재밌겠네. 언젠데?

사만나: 6월 13일 금요일 오후 3시까지 오시래요.

미 셸: 어디로 가면 돼?

사만나: 저희 1학년 2반 교실이요.

미 셸: 몇 시쯤 끝날까? 저녁 식사 시간 전에는 끝나겠지?

사만나: 아마 그럴걸요.

미 셸: 알았어. 내일 가게에 가서 스케줄을 한번 확인해 볼게. 갈 수 있으면 꼭 갈게.

사만나: 네, 꼭 오셔야 돼요.

13과 그렇게 발표를 잘할 줄 몰랐어.

과제

미 셸: 선생님, 안녕하세요? 사만나 아빠입니다. 지난번 학부모 모임 때 뵙고 오랜만에 다시 뵙네요.

선생님: 사만나 아버님, 안녕하세요? 어머님 대신 아버님이 오셨네요.

미 셸: 네. 아이 엄마한테서 사만나가 학교생활을 잘하고 있다고 들었습니다.

선생님: 네. 친구들과도 친하게 지내고 공부도 아주 열

심히 합니다.

미　셸: 그래요? 저는 아이 엄마한테서 그 말을 듣기 전에는 사만나가 학교생활을 그렇게 잘하고 있는 줄 몰랐습니다. 선생님께서 잘 지도해 주신 덕분이에요.

선생님: 사만나는 공부도 잘하지만 노래며 춤이며 못하는 것이 없어요. 사만나의 학교생활은 걱정하지 않으셔도 됩니다.

미　셸: 선생님 말씀을 들으니 안심이 됩니다.

14과　정말 텔레비전을 준다고요?

과제

자가: 에디 씨, 주말에 뭐 했어요? 좀 피곤해 보이는데 바빴나 봐요.

에디: 바빴던 건 아니고, 문경 사과 축제에 다녀왔거든요.

자가: 사과 축제요? 어떤 축제인데요? 설마 사과 먹으러 거기까지 간 건 아니죠?

에디: 하하, 그럴 리가요. 물론 맛있는 사과도 많이 먹었지만 여러 가지 다른 행사도 많이 있어서 재미있었어요.

자가: 그래요? 어떤 행사가 있었는데요?

에디: 사과잼이나 사과 주스를 직접 만드는 체험 행사도 있었고, 사과 껍질 길게 깎기 대회도 열렸어요. 그런데 제가 그 대회에서 2등을 해서 상품으로 백화점 상품권도 받았지 뭐예요.

자가: 아, 그런 행사가 있구나. 근데 에디 씨 옆에 있는 그건 뭐예요?

에디: 제가 거기까지 간 김에 같이 나눠 먹으려고 사과도 한 박스 사 왔으니까 좀 드셔 보세요.

자가: 와, 정말 맛있겠네요. 저도 갔으면 좋았을 텐데….

에디: 이 축제는 다음 주말까지 열린다고 하니까 끝나기 전에 한번 가 보세요. 잠시나마 마음의 여유도 느껴 보시고요.

15과　더 심해지지 않도록 마스크를 꼭 하고 다녀요.

과제

엔젤: 오늘 뉴스에서 날씨 변화로 인해 변화된 산업에 대한 이야기가 있었는데 정말 흥미로웠어요.

나트: 그래요? 어떤 이야기였는데요?

엔젤: 올봄에 날씨가 따뜻하고 비가 많이 오지 않아서 드론의 매출이 작년 대비 8배나 성장했대요.

나트: 8배나요? 정말 어마어마하네요. 안 그래도 올봄에 공원에서 드론을 날리는 사람들을 많이 봤어요.

엔젤: 그리고 올여름에는 긴 장마로 인해 제습기 판매량이 증가했대요.

나트: 그렇군요. 이번 장마는 특히 길어서 제 주변에도 제습기를 사는 사람들이 많더라고요.

엔젤: 특히 1인 가구의 증가로 인해 장마 기간에 간편하게 먹을 수 있는 도시락 등의 매출이 크게 증가했대요.

나트: 그렇군요. 저도 날씨가 안 좋으면 장 보러 나가기가 귀찮더라고요.

엔젤: 이렇게 갑작스러운 날씨 변화 때문에 날씨 보험에 가입하는 사람도 많아졌대요.

나트: 날씨 보험이요? 야외에서 큰 행사를 준비하거나 농작물을 기르는 사람들에게 도움이 되겠네요.

16과　한국에서 잘 적응할 수 있을까 불안한 마음이 컸었습니다.

과제

앵　커: 최근 화제가 되고 있는 전시회가 있다고 하는데요. 김영철 기자의 소개로 들어 보겠습니다.

기　자: 여러분, 저는 지금 서울역사박물관에 나와 있습니다. 서울역사박물관에서는 지난주 금요일부터 어린이날을 맞이하여 '7-80년대 서울'이라는 전시회가 열리고 있는데요. 여기 전시회를 관람하고 계시는 한 가족과 이야기 나누어 보겠습니다. 먼저 자녀 분께 질문 드리겠습니다. 전시회를 본 소감이 어떠세요?

아　들: 부모님이 어렸을 때 사셨던 동네를 사진으로 봤는데 기분이 이상하더라고요. 또 광화문, 청계천도 지금의 모습이랑 많이 달라서 놀랐어요. 옛날에 청계천은 차가 다녔었는데 지금은 물이 흐르고 있잖아요.

기　자: 네, 말씀 감사합니다. 아버님과도 이야기 나누어 보겠습니다. 어떠셨습니까?

아버지: 우리가 어렸을 때 자주 했던 놀이를 아이와 같이 해 봤던 것이 가장 인상적이었습니다. 저는 잊고 있었던 어린 시절이 다시 생각났고 아이는 처음

다문화가정과 함께하는 즐거운 한국어 중급 2

해 보는 거니까 신기해 하더라고요.

기 자: 네, 두 분 말씀 감사합니다. 이번 전시회는 이번 달 25일까지 계속된다고 하니까요. 여러분도 꼭 관람해 보시기 바랍니다.

영어

① What is a Goose Mom and Dad?

Have you ever heard of the term Goose Mom and Dad? A geese couple is a couple who lives separately to support their children's education. Usually the Father stays in Korea, works and supports the family while the mother and children go abroad to study, and in Korea this is quite frequent. When using this term, we use Goose dad and Goose mom.

What does this mean?: A goose dad refer to a father who sends his wife and children overseas while he works and lives alone in Korea to afford their children's study abroad education expenses. A goose mom refers to the mother who lives with her children overseas and leaves her husband alone in Korea. Normally these families tend to meet each other once or twice a year just like geese and thus the term was created.

Why is this occurring?: This phenomenon started to occur in the mid to late 1990's when studying abroad was a very hot trend. However, since 2006 the number of students studying abroad is steadily decreasing.

The reason for this decrease is because there has been a negative image on studying abroad due to employment being hard as well as families being separated and broken apart. A goose dad living apart from his family has made a hard choice both economically and emotionally, which has also led to social issue in Korea.

In your country, do you have a similar term used to describe geese couples? Why was the term created? What do you think about couples living separately to provide an overseas education for their children?

② How to get a part-time job?

Do you wish to have a part-time job?

In Korea part-time jobs are shortened and called 'alba' which is a term not found in the dictionary, but regularly appearing on television and in newspapers. In the past, in order to find a part-time job people would go out and look for jobs. However, now finding part-time jobs are mostly done through the internet. Places in Korea that use a large amount of part-time workers are PC 'bang' (gaming cafés), convenience stores, fast food restaurants, karaoke rooms, and large stores.

Going out for jobs: Places looking for part-time help usually post and add in front of their stores. This is also very helpful for foreigners to try and find a part-time job when they are not fluent in Korean. This type of opportunity is also helpful because job interviews are conducted and results known immediately.

Using newspapers, flyers etc.: Flyers and Newspapers are published through many new companies and they are delivered to all parts of Korea. These can be found everywhere from subway stations, bus stops, super markets, convenient stores and at the entrances of book stores. These can also be viewed on various websites.

Using the internet: Part-time jobs can also be found through the internet. Typical part-time job sites in Korea are "Alba Chonkuk" and "AlbaMon." You can quickly find information by clicking on the region or place you wish to work.

It may be a good idea to avoid companies that frequently put up job posting on the internet. These companies may be treating their previous employees bad or have terrible working environments. It is also good to avoid job openings that only posts contents such as "I will explain in further detail when you contact me." Someone may also be trying to scam you if they ask for you to quickly send your resume, card, or bankbook while looking for a part-time job. So never give out personal information.

Have you ever worked at a part-time job? What type of part-time job would you want to do in the future.

③ Can we also use the care service "dolbom" classroom?

Have you ever received any dolbom care service?

In Korea, due to the social advancement of women within society and many families now being double-income families with both the mother and father working, there is a crucial need for creating conditions to raise children with peace of mind. "Elementary Care Class" is a program that allows the children of parents working to be taken care of after school free of charge.

Who receives it?: These services were created mainly for the children of parents who both work full-time jobs, are low-income families, and or are single parents who need assistance. There is at least one free program every day for 1st and 2nd grade students, and students grade 3 and above participate in all forms of school programs after school.

What are the benefits?: After-school care classes start right after school until 5pm. There is also a care service from 5pm – 10pm. Students are helped with their homework, diary writing, reading, and participate in individual and group activities such as recess and sports. After-school care classes is a program created for those children who need after school support.

There is also a dolbom care service where a worker comes into your home. "Child care classroom" is an at-home child care service for children ranging from ages 3 months up to 12-year-old. It is a child care service that cares for the children's safety.

What kind of support do you have in your country for parents who work full-time?

④ I would like to get some employment information

Where do you get information on jobs?

Many people work hard to get a stable job however, it is very hard to find a good job. To find jobs, one must actively attend job fairs, and foreigners must first make sure their current visa allows for work. Confirm information at the Foreigners Information Center (☎1345).

Employment Center: This is a representative employment center, which is operated by the Ministry of Employment and Labor in all regions of Korea.

Support Center for Foreign Workers: A private organization that provides a large variety of assistance to foreign workers

Women's Human Resource Development Center: This is an agency that provides women with employment and vocational training, and most programs offered by the Women's Human Resource Development Center are free.

Multicultural Family Support Center: The Multicultural Family Support Center provides job placement and vocational education programs (Multicultural understanding lectures, nurturing lectures).

City/County Job Information Center: A free employment agency operated by cities and counties in Korea, visit the city hall or county office for information.

Seoul Global Center: This is an institution operated by Seoul City Hall. This center holds business consultations, foreigner job fairs, business

consultations and provides other support.

Women's New Work Center: This agency was created by the Ministry of Gender Equality and offers employment support services such as vocational education training and employment consultation.

Additional Internet Resource: Worknet (www.work.go.kr): You can receive job information from the job portal site. It also provides 'Emigrant Preparation for Employment' and free psychology test services

You can receive necessary training before you get a job. Foreigners must have insurance in case they are injured while working. However, if you are a married immigrant this is not required. If you receive a "tomorrow learning card" you can receive education support.

Where do you normally get your job information from?

⑤ I didn't know. What else should I avoid doing?

Have you ever heard of things that Koreans should not do?

In Korea, there are expressions "you should not present shoes to your lover" and "once you make a date to get married, don't go to someone else's wedding." There is no scientific evidence behind these expressions, but Koreans are still cautious of these things.

The number 4 is disliked: In Korea the letter F is used instead of the number 4 (4th floor) in buildings and elevators. There are also no gates 4 and 44 at Incheon Airport. This is because the pronunciation of 4 is very similar 사(死) which means death in Hanja (Chinese Characters).

Names are not written in Red: Names are not written in red because the names of the dead are written in that color. When a person dies their coffin is covered with a red cloth as well.

Do not stick your spoon into a bowl of rice: A spoon is put in a bowl of rice only when performing a memorial service for one's ancestors.

What taboo exist in your country? What is the reason for this taboo?

Have you ever been baffled by any taboos that exist in Korea? What was it?

⑥ Oh, a gift has this meaning!

Have you ever given someone a gift who was preparing for an exam?

In Korea, gifts are given to those who are preparing for an exam for good luck and hope to pass it. The traditional gift for this type of occasion was rice cakes. However, as times changed so have the gifts. Nowadays, gifts such as mirrors which means 'look at the test well,' and other gifts such as tweezers which means 'pick out the correct answers like tweezers' are given. Do you think that these gifts provide hope and happiness to those who want to pass the exam?

Things not gifted: Due to seaweed being slippery people believe that if you eat seaweed soup you will slip and not pass the exam. Porridge is also a food that people do not eat because people usually eat this when they are sick in Korea. Eating porridge means that I cannot do anything well and will ruin everything. Things that are gifted: Rice cakes and Korean traditional taffy candy are often given as presents. These two foods are both very sweet and sticky which helps you pass the test.

Tissue becomes unraveled very quickly so tissue is given as gifts for people taking exams. This has the meaning that they can answer exam questions as easily as tissue becoming unraveled. Ax has the meaning of cutting a tree and the fork has the meaning of sticking the food, which means for students to cut and stick the answer to the questions easily.

In your country, are there certain things done for people preparing for an exam? What do they do and do not do?

⑦ Can I use 119 services for free?

Have you ever made an emergency call? What happened?

Accidents can occur at any time without notice. It is very important to know what to do in case accident occurs. Depending on your readiness or preparation during emergency situations, the fate and lives of people can change.

It is very important to make sure to memorize the emergency measures that you can take to protect yourself, your family, and others. Calling the fire department emergency service is free in Korea and this service is offered all around the country.

When you call 119: What is the location / Where is the person injured / Is the patient still breathing(conscious) / Medical conditions and medication taken / Name and contact info of person who called.

After 119 reports to accident: Wait for the ambulance while talking on the phone. Wait calmly for medical attention and try to perform first aid if possible while waiting.

※ Please report by mobile phone rather than a home phone

For the hearing impaired or those who cannot speak on the phone: Please send the location of the accident by text. / Write on paper or use sign language while video chatting.

When there is an emergency situation in your country, where and how do you contact emergency medical services? What type of assistance can you receive?

⑧ How do you decide on your child's name?

Who named you when you were born? What is the meaning behind your name?

One riddle! "What is mine, but also something many others use more often?" It's a name. When a child is born, the name given to the baby represents the future plans and hope for the child. There are many trends when it comes to names given to children and these change from generation to generation.

In the past: It was common for adults to name their children very similar to their own names, especially for males. If we looked at the names popular during each time period, in the 1940s it was Youngsoo and Youngja; in the 1950s it was Youngsoo and Young-suk; in the 1960's it was Youngsoo and Mi-sook; in the 1970's it was Jung-hoon and Eun-joo; in the 1980s it was Jihoon and Jihyee; and in the 1990s it was Jihoon and Yujin.

Nowadays: Nowadays, parents do not always name their children similar to their own names. Instead, the use of new names has become more popular. The most popular names in 2010 were Minjun and Seo-yeon. According to data that was released by the Supreme Court in 2017, girls are preferably named Ha Yoon while boys are named Dooyun. Names in pure Korean are very popular and the most common ones are Hankyol for boys and Sarang for girls.

Do you have any popular names in your country? What letters are most often used in those names?

Who named your child? What does your child's name mean or represent?

Have you written a standard labor contract?

Have you ever seen a standard labor contract?

An employment contract is a contract in which the employer has agreed to pay the employee for work based on requirements. A standard labor contract is a document that lists the specific content of these labor contracts, and must be drawn up and signed before work begins.

Why should I write one: To protect you when you have such issues as pay problems

1. Personal information of employer and employee, 2. Term of contract: period of work, 3. Place of work: where you will be working(Do not work outside of places that are specified in the contract.). 4. Business content: what work you will be doing, 5. Working hours, 6. Break time, 7. Holidays: days off, 8. Wages: monthly wages, 9. Payment date: monthly/weekly/daily pay, 10. Method of payment: direct payment or bankbook deposit, 11. Accommodation: dormitory and meal plan

What is the specific content?:

other: If a labor contract violates any standard set by the Labor Standards Act then it is considered invalid. Also, what has not been covered in the contract will be handled in the accordance to the Labor Standards Act. You should also write a standard labor contract.

 Body Language varies a lot from country to country

What type of body language do you use often?

Just like language, body language differs greatly based on country. For example, if you raise your thumb in Korea, it means 'the best,' but in other countries it means 'to reject' or even 'profanity.' Therefore, body language can cause many misunderstandings if not used properly based on specific culture. When you learn a new language, you should not only learn the language, but also the associated body language right?

Money: Round the thumb and the index finger to make a circle. In some countries it means 'OK,' in other countries it is used as 'profanity.'

Victory: Make a V-letter with the index and middle finger. This is often used as a pose when taking pictures. It does not matter whether the palm is visible is facing inside or out.

When you call a person: Move your hand forward towards you using the back of your hand. This is mainly used between friends or when an adult tells a child to come here.

Counting: Stretch out your hand and count from one to five starting with your thumb. Then starting with your pinky count from six to ten.

Are the gestures and meanings used in Korea different from the ones used in your country or are they the same?

 This food is famous In Korea

Which type of Korean food do you like?

In Korea, people eat these foods based on the season

- To beat the summer heat, when you are sick or when recovering from surgery, people eat Samgyetang (chicken stew with ginseng), grilled eel, and Abalone rice porridge.

- After drinking a lot of alcohol at a gathering, or night out with friends, the next day people usually eat such things as cold bean sprout soup, clam soup or a refreshing broth.

- After giving birth or on someone's birthday, there is a long tradition of Koreans eating seaweed soup. Also, on New Year's Day, Koreans eat rice cake soup (Deoggug) and during Korean Thanksgiving (Full Moon Festival) they eat half-moon shaped rice cakes (songpyeon).

In your country, do you have any popular Korean food? Is there any particular type of Korean food that you would like to introduce to your hometown?

What type of food do you usually eat in these situations?

 Korea has a high education standard

How is education in your country?

In Korea, the higher education enrollment rate has passed 70%. After the destruction caused by the Korean War, it was this high education standard, which made Korea the 10th largest economy in the world. However, a side effect of this high education standard, is that private education expenses account for a very large portion of household spending.

In Korea, children usually go to kindergarten for two to three years before the start of elementary school. Korean kindergartens and other schools run for two semesters a year. The first semester begins in March and ends in August, and the second semester begins at the end of August to the beginning of September and ends in February. There are also summer and winter breaks. Elementary and junior high school education are both compulsory.

How is the education system in your country?

What are some of the issues with the education system in your country? How would you solve these problems?

I would like to apply for a happy child card

Korea is trying to help ease the burden of parenting as well as to increase the birth rate. A child's happiness card is a card parents who have children ages 0-5 years receive for childcare and a monetary support, regardless of income level. Parents can use this card to pay for childcare and kindergarten. Also, the amount of support varies depending on your child, educational institution, and child care institution. Children who do not go to day care centers or kindergartens can still get the support.

Where do I apply for government grants?

Where to I apply for the happy child card?

How do I use the happy child card?

How much government support can I receive?

☒ When changing from nursery school to kindergarten or kindergarten to nursery school, make sure to apply for the change of qualification in childcare fees.

In your country, do you encourage or discourage childbirth? Tell me why?

Where do you go with your family?

Have you ever been to a festival in Korea?

In Korea, various festivals are held each season in all regions of the country. Some of these festival themes are culture and art, local specialty products, traditional culture, resident harmony, and natural ecological. In the 1980's there were only about 100 different types of festivals, however now there are over 1,200 festivals. In 1955 as local autonomy began, the festivals started to explosively grow. You are encouraged to go participate in these various regional festivals.

Hampyeong Butterfly Festival: This festival is located in Hampyeong, South Jeolla Province. The main themes for the festival are butterflies, flowers, and insects. This is a great experience to have with children because of the ecological learning opportunities.

Boryeong Mud Festival: This festival is held in Boryeong, Chungnam Province. At this festival you can enjoy a variety of experiences in clean mudflats such as a mud massages as well as mud wrestling tournaments.

Andong International Dance Festival: This is a traditional cultural festival that is held yearly in Andong, Gyeongbuk Province. Here you can enjoy many things such as traditional mask dances as well as other mask dances from all around the world. There are also other colorful experiences to enjoy.

Hwacheon Winter Festival: This is a winter festival that is held in Hwacheon City, Gangwon Province. You can enjoy a variety of activities such as ice fishing and sledding. Also, you can have a great time playing on the ice and in the snow.

In your country, what kinds of festival do you have? What activities do you do?

Are there any festivals in Korea that you have attended or would like to attend? Tell us the name of any festival, along with the season it opens, location, and activities.

What welfare services are available for foreigners?

Do you known what welfare services you can receive in Korea?

To help foreigners settle down and have stable lives, Korea provides many programs such as basic Korean language education, basic livelihood guarantee, and a national pension. Anyone can receive this welfare service support if they meet certain eligibility conditions.

Visiting Education Services: - Korean Language Education Services, Parenting education services. Support for children's growth

For immigrants who find it difficult to receive education, or foreign children who are having problems with adjusting to Korean life and need Korean language education, workers will visit their homes and provide the support.

Medical Support Services: If you are hospitalized or have an operation, you can receive 90% of the financial support needed up to 5 million won. When you are sick and need help, assistance is provided to ensure

you have the support needed to live a healthy life.
Emergency Welfare Services: Assistance can range from 428,000 won per person or up to 1,585,100 for 6 people, based on family size. If a crisis suddenly occurs and you are having difficulty supporting yourself, such things as temporary living expenses and housing support
What welfare services are you receiving in Korea?

The news is too scary

What thoughts run through your mind when watch the news about natural disasters?
Every year people are losing their lives due to unexpected natural disasters such as extreme heat and cold, floods and droughts. These natural disasters are the result of global warming caused by the destruction of the environmental. Climate change is occurring due to global warming and it is not only causing natural disasters but also destroying the ecosystem. However, since global warming is a man-made phenomenon, we can lessen the effects by reducing greenhouse gases. Recently, there are so many earthquakes in many parts of the world it is frightening to watch the news.
Why is global warming occurring?: carbon dioxide generated as a byproduct of manufacturing goods / carbon dioxide from vehicles / methane gas from livestock, manure, food waste, etc. (large amount of greenhouse gas emissions)
What are the effects of global warming?: drought / floods / cold waves / heavy rain / glacier melt / heavy snow / extreme heat / yellow dust / increase in sea level
How can global warming be prevented?: planting and cultivating trees / refraining from using disposable products / reducing waste and recycling / reducing air conditioner usage / using public transportation / using energy-efficient household appliances
When natural and man-made disasters such as typhoons, floods, heavy snowfall, earthquakes, tsunamis, or even war occurs, there will be an emergency warning beep as well as a text message sent. Since 2017, fine dust has been added to the list.
In your country, what natural disasters have occurred? Why did they occur?

 베트남어

Người cha ngỗng là thế nào?

Bạn đã nghe qua người cha ngỗng và mẹ ngỗng chưa?
Vợ chồng ngỗng là vợ chồng vì giáo dục con cái nên phải sống xa nhau. Thông thường chỉ còn người cha ở Hàn Quốc làm hậu thuẫn và người mẹ con cái thì cùng sống ở nước ngoài. Khi đó người cha thì được gọi là người cha ngỗng còn người mẹ được gọi là mẹ ngỗng.
Điều này có nghĩa gì?: Đây là lời nói ví von hình ảnh người chồng vì muốn dành cơ hội học tập tốt nhất cho con cái nên đã đưa vợ và con cái sang nước ngoài và một mình ở lại trong nước làm việc, sinh hoạt. Thường ngày, những người cha ở Hàn Quốc kiếm tiền và cả năm đoan tụ lại với gia đình 1 hay 2 lần, điều đó cũng giống với đặc điểm của ngỗng trời một loài chim di cư nên người ta ví von như thế.
Tại sao lại có tình trạng như vậy?: Đây là hiện tượng tiêu biểu của nửa sau thập niên những năm 90 khi việc cho con trẻ đi du học từ nhỏ trở thanh trao lưu. Lượng du học sinh cứ tăng liên lục và bắt đầu giảm xuống từ năm 2006. Sự sụt giảm này bởi vì việc du học có những ảnh hưởng tiêu cực gây ra nạn thất nghiệp của du học sinh, sự ly tán của gia đình, sống xa gia đình đã gây ra các vấn đề về tình cảm, về kinh tế đối với người cha ngỗng cũng trở thành vấn đề xã hội.
Ở đất nước bạn cũng có câu nói giống với vợ chồng ngỗng? Và tại sao lại có câu nói đó?
Bạn nghĩ gì về việc vợ chồng sống xa nhau vì việc học tập của con cái?

② Tìm việc làm thêm như thế nào?

Bạn có muốn đi làm thêm?
Việc làm thêm (아르바이트) có thể nói ngắn gọn là 알바. Tuy '알바' là một từ không có trong từ điển nhưng lại xuất hiện trên rất nhiều các bài báo. Trước kia, khi muốn tìm việc làm thêm thì phải đi loanh quanh nhưng bây giờ có thể tìm việc trên internet. Những nơi cần nhiều người làm thêm là tiệm internet, cửa hàng tiện lợi, cửa hàng thức ăn nhanh, tiệm karaoke, các siêu thị lớn.
Trực tiếp vừa đi vừa tìm: Ở những nơi cần người làm thêm thường dán thông báo trên cửa nhà hàng. Đây là phương tốt nhất cho những người nước ngoài không giỏi tiếng hàn
vận dụng báo chí: 교차로 và 벼룩시장 là những kênh thông tin sinh hoạt giống như báo chí được phát hành

toàn quốc luôn có ở các cửa trạm tàu điện, trạm xe buýt, siêu thị, nhà sách. Và cũng có thể thấy ở các website

Vận dụng internet: Có thể tìm kiếm việc làm thêm trên internet. Đại diện có app việc làm thêm là 알바몰' và '알바천국'.

Bản thân người tìm nếu click vào khu vực mình muốn tìm việc thì có thể nhận được thông tin.

Nên tránh những nơi mà thường xuyên đăng thông tin tuyển dụng lên internet. Có thể môi trường làm việc hoặc đãi ngộ của những nơi đó không tốt. Và nên cẩn thận với những nội dung như 'Trước tiên xin hãy liên lạc, chúng tôi sẽ trao đổi nội dung cụ thể hơn'. Hơn nữa nếu khi vừa làm việc mà bảo phải cung cấp sơ yếu lý lịch, thẻ ngân hàng, số ngân hàng thì có thể là những kẻ lừa gạt nên tuyệt đối không được cung cấp thông tin cá nhân.

Bạn đã từng làm thêm chưa? Sau này bạn muốn làm việc làm thêm như thế nào?

 Chúng tôi cũng có thể sử dụng phòng học 돌봄 교실?

Bạn đã từng nhận được dịch vụ 돌봄 (chăm sóc) hay chưa?

Ở Hàn Quốc, căng ngày số lượng phụ nữ ra xã hội làm việc ngày căng nhiều, theo sự gia tăng của những gia đình có cả vợ và chồng cùng làm việc kiếm tiền thì những dịch vụ giao dục con cái cũng được chú trọng để vợ chồng có thể an tâm làm việc. '초등 돌봄 교실' là một chương trình giúp chăm sóc trẻ em miễn phí sau giờ tan học nếu mà bố mẹ bận việc không thể chăm trẻ.

Ai được nhận?: Chương trình giúp trông nom học sinh tiểu học của những gia đình mà có bố hoặc mẹ đơn thân, tầng lớp có thu nhập thấp, hay cả bố và mẹ đều bận đi làm. Chương trình 돌봄 교실 lấy trọng tâm là học sinh lớp 1, lớp 2 sẽ thực hiện ít nhất một chương trình miễn phí mỗi ngày. Còn từ lớp 3 trở lên thì sẽ thực hiện chương trình sau giờ học.

Nhận được ưu đãi gì?: 돌봄 교실 buổi chiều từ sau khi tan học đến 5 giờ, 돌봄 교실 buổi tối là từ 5 giờ đến 10 giờ đêm. Người phụ trách sẽ hướng dẫn các em làm bài tập, viết nhật ký, đọc sách, vui chơi, hoạt động trải nghiệm, hoạt động tập thể... '방과 후학교 연계형 돌봄 교실' là một hoạt động nhằm giúp đỡ những học sinh vẫn ở trường sau giờ học

Cũng có những dịch cụ chăm sóc tìm đến tận gia đình. '아이 돌봄 교실' là một chương trình mà người giữ trẻ sẽ tìm đến nhà và trông trẻ từ 3 tháng tuổi đến dưới 12 tuổi cho những gia đình có cả vợ và chồng đều đi làm. Đất nước quý vị có những chinh sách, chương trình nào nhằm giúp đỡ để bố mẹ có thể an tâm mà làm việc?

 Tôi muốn biết thông tin liên quan đến việc làm

Bạn đang thu thập thông tin về việc làm từ đâu?

Rất nhiều người đang nỗ lực để có một việc làm ổn định. Tuy nhiên, để có được một việc làm tốt là không dễ. Vì vậy cần phải rất nỗ lực như tích cực tham gia vào ngày hội tìm việc làm. Người nước ngoài nếu muốn làm việc thì trước tiên phải kiểm tra visa của bản thân có được phép đi làm hay không. Bạn có thể gọi điện đến trung tâm hướng dẫn tổng hợp dành cho người nước ngoài 외국인종합안내센터(☎1345) để kiểm tra.

Trung tâm tuyển lao động: Là cơ quan kết nối việc là tiêu biểu được điều hành bởi bộ lao động. Có trụ sở tại mỗi địa phương.

Trung tâm cung cấp nhân lực người ngoại quốc: Cơ quan nhân dân hỗ trợ người nước lao động nước ngoài.

Trung tâm phát triển nhân lực nữ giới: Cơ quan huấn luyện nghề nghiệp và kêt nối công việc cho nữ giới.

Đại đa số đều là các chương trình miễn phí.

Trung tâm hỗ trợ gia đình đa văn hóa: Điều hành chương trình giáo dục nghề nghiệp và kết nối việc làm. (lớp học hiểu về đa văn hóa, quá trình bồi dưỡng tiếng mẹ đẻ...)

Trung tâm thông tin việc làm quận, thành phố: Cơ quan kết nối nghề nghiệp miễn phí được điều hành bởi thành phố hay quận huyện.

Hãy đến thăm tòa thị chính quận huyện hay thành phố.

Trung tâm Global Seoul: Cơ quan được điều hanh bởi ủy ban thành phố Seoul.

Hay mở ra ngày hội tìm việc làm cho người nước ngoài, buổi trao đổi nghề nghiệp và hỗ trợ trao đổi nghề nghiệp.

Trung tâm việc làm mới cho phụ nữ: Cơ quan chỉ định từ hội liên hiệp phụ nữ.

Cung cấp các dịch vụ hỗ trợ nghề nghiệp như trao đổi công việc, huấn luyện giáo dục nghề nghiệp.

Internet khác:worknet(www.work.go.kr) : Có thể nhận được những thông tin việc làm bằng cổng thông tin điện tử việc làm. Giúp kiểm tra tâm lý chuẩn bị làm việc miễn phí cho người di dân.

Trước khi tìm việc phải nhận được sự giáo dục cần thiết. Người nước ngoài phải có lý lịch đạt được tư cách người đủ tham gia bảo hiểm lao động. Tuy nhiên nếu những người kết hôn rồi di dân sang thì không cần tài liệu này.

Nếu được cấp thẻ 내일배움카드 thì có thể nhận được hỗ trợ về phí học tập.

Bạn thường nhận thông tin việc làm ở đâu và như thế nào?

 Tôi đã không biết. Những việc gì không được phép tái phạm?

Bạn đã từng nghe về những hành động không được làm ở Hàn Quốc chưa?

Không được tặng giày cho người yêu. Nếu đã quyết định ngày cưới của mình thì không được tham dự đám cưới của người khác. Những lời như thế tuy rằng không có chứng cứ về mặt khoa học nhưng đều là những điều mà người Hàn Quốc rất để ý.

Không thích số 4: Tại những tòa nhà hay thang máy họ sử dụng F thay vì số 4. Ở sân bay Incheon không có cửa số 4 hay số 44. Bởi vì phát âm của số 4 giống với chữ tử (死) trong tiếng hán.

Không viết tên bằng màu đỏ: Bởi vì người ta thường viết tên người chết bằng mực đỏ. Nếu người đã chết thì cũng dùng vải đỏ che lên nắp quan tài.

Không cắm đũa trên bát cơm: Vì khi tiến hành cúng cơm cho người chết, người ta sẽ cắm đũa trên bát cơm.

Đất nước bạn có những điều cấm kỵ gì? Và lý do là gì?

Bạn đã từng bàng hoàng vì những cấm kỵ ở Hàn Quốc? Đó là việc gì?

 Ý nghĩa trong những món quà

Ở đất nước bạn có tiệc công ty không? Theo bạn thì thế nào là một buổi tiệc công ty đúng nghĩa?

Nhằm xây dựng tinh thần đoàn kết và vun đắp tình cảm nên những thành viên của câu lạc bộ hay nhân viên của một công ty cùng nhau đi ăn uống. Phần lớn mọi người chỉ cùng nhau ăn cơm nhưng cũng có những trường hợp liên tục tiếp diễn bằng việc thay đổi một vài địa điểm. Thường thì tăng 1 sẽ ăn cơm, tăng 2 uống rượu và tăng 3 sẽ là hát karaoke khiến mọi người thường rất mệt mỏi vào ngày làm việc hôm sau nên tiệc tùng công ty thường bị phê phán.

Chính vì vậy dạo gần đây hình thức tiệc công ty được thay đổi một cách lành mạnh hơn như cùng nhau đi xem công diễn, xem triển lãm hay cùng nhau xem phim, cùng nhau tập thể dục, chơi thể thao.

Ở đất nước bạn tiệc công ty tổ chức ở đâu, như thế nào? Hãy nói chuyện với bạn bè.

 Có thể sử dụng 119 miễn phí?

Bạn đã từng gọi điện thoại trình báo việc khẩn cấp? Và đó là việc gì?

Những sự cố thường xảy ra một cách đột ngột mà ta không thể đoan trước được. Vì vận mệnh một người có thể thay đổi tùy thuộc vào việc ứng phó tốt hay không trong tình trạng khẩn cấp nên việc tìm ra phương pháp ứng phó tốt là điều rất quan trọng.

Nên nhớ rõ phương pháp ứng phó kịp thời không chỉ cứu sinh mạng người khác mà quan trọng à cũng có thể cứu chính bản thân và người thân trong gia đình. Đội cứu hỏa 119 của sở cứu hóa luôn miễn phí trên toàn quốc.

Khi gọi cấp cứu 119: địa điểm ở đâu / đau ở đâu / vẫn còn ý thức và hô hấp hay không / có uống thuốc trị bệnh mãn tính không / Để lại tên và số điện thoại của người trình báo

Sau khi trình báo 119: Phải bình tĩnh xử lý tình hình khẩn cấp vừa giữ điện thoại vừa nhận hướng dẫn về sơ cứu và chờ đợi đến khi xe cấp cứu đến

※ Nên dùng điện thoại di động thay vì điện thoại bàn bằng điện thoại: Hãy gửi nội dung và địa điểm xảy ra sự cố

Ở đất nước bạn khi có tình trạng khẩn cấp thì liên lạc đến đâu và liên lạc như thế nào? Và có thể nhận được giúp đỡ?

 Đặt tên con như thế nào?

Ai đã đặt tên cho bạn? Tên bạn có ý nghĩa như thế nào?

Một câu đố nhỏ! Là cái của ta nhưng người khác lại sử dụng nhiều hơn là cái gì? Đó chính là 'tên'. Khi sinh con, người ta thường đặt tên với ước muốn cầu nguyện và hy vọng về tương lai của đứa trẻ. Việc đặt tên còn có thể được gọi là 작명. Theo từng thời đại mà việc đặt tên cũng khác nhau.

Trước đây: Những người lớn trong nhà thường đặt tên dựa theo ký tự tên chung của dòng họ (돌림자). Đặc biệt, hầu như tất cả những người con trai đều đặt theo 돌림자

Tùy theo từng thời đại mà những cái tên tiêu biểu cũng khác. Ví dụ như những năm 1940 thì là 영수·영자, những năm 1950 영수·영숙, vào những năm 1960 영수·미숙, vào những năm 1970 thì 정훈·은주, vào những năm 1980 thì 지훈·지혜, những năm 1990 thì 지훈·유진 được đặt rất nhiều.

Dạo gần đây: Dạo gần đây bố mẹ thường đặt tên cho

con cái tuy nhiên không nhất thiết phải đặt theo 돌림자. Năm 2010 những cái tên tiêu biểu là 민준·서연. Năm 2017, theo tài liệu công bố của 대법원 thì những cái tên yêu thích dành cho bé trai là 도윤 và bé gái là 하윤.

Tiếng nói của chúng ta cũng có những cái tên rất được ưa thích như 한결(trai) và 사랑 (gái).

Đất nước của bạn có những tên thịnh hành theo mỗi thời đại không? Và tên nào được nghe nhiều nhất?

◎ Tên của con cái thì ai đặt? Và có ý nghĩa như thế nào?

 Bạn đã từng viết hợp đồng lao động?

Bạn đã từng viết hợp đồng lao động?

Hợp đồng lao động là hợp đồng được ký kết quyết định cấp lương của công ty đổi lại người lao động phải làm việc theo quản lý, chỉ thị của người sử dụng lao động

Hợp đồng lạo động (표준근로계약서) là văn bản được viết rõ với nội dung như sau, trước khi làm việc đều phải viết.

Tại sao phải viết? / Nội dung bao gồm những gì? / Khác

 Mỗi quốc gia đều có ngôn ngữ cơ thể rất khác nhau

Quý vị thường dùng ngôn ngữ cơ thể nào?

Giống như ngôn ngữ thông thường, ngôn ngữ cơ thể của mỗi quốc gia cũng khác nhau. Ví dụ nếu đưa ngón tay cái lên có ý nghĩa là "nhất" tuy nhiên ở đất nước khác sẽ là 'từ chối' hay là 'lời chửi'. Vì vậy ngôn ngữ cơ thể nếu không sử dụng đúng với văn hóa có thể dẫn đến những hiểu lầm rất lớn. Khi học ngôn ngữ không chỉ học mỗi ngôn ngữ mà còn phải hiểu cùng với ngôn ngữ cơ thể.

Tiền: Khi làm vòng tròn giữa ngón tay cái và ngón trỏ. Ở đất nước nào đó là OK, nhưng ở đất nước nào đó là 'lời chửi'.

Chiến thắng: Tạo thành chữ V giữa ngon tay trái và ngón trỏ. Là kiểu dáng hay làm khi chụp hình. Đưa lòng bàn tay ra ngoài, hay.

Khi gọi người khác: Khi người lớn kêu trẻ em hoặc giữa bạn bè thì có thể dùng tay vẫy (bề trên của bàn tay đưa ra ngoài và cổ tay sẽ vẫy?

Khi đếm số: Tất cả các ngón mở ra đếm từ 1 tới 5 bắt đầu từ ngón cái. Khi đếm từ 6 đến 10 thì bắt đầu từ ngón út (khi đếm bằng 1 tay).

Ngôn ngữ cơ thể ở đất nước bạn có ý nghĩa khác với Hàn Quốc hay là giống nhau?

 Ở Hàn Quốc món ăn này nổi tiếng

Bạn thích món ăn nào trong các món ăn của Hàn Quốc? Từ khi còn nhỏ người Hàn Quốc đã ăn các món ăn như thế này.

Vào mùa hè để vượt qua cái nóng, khi bị đau ốm, hoặc sau khi phẫu thuật, nhằm mau chóng hồi phục khí lực người ta hay ăn gà hầm sâm (삼계탕) hay lươn nướng (장어구이), cháo bào ngư (전복죽).

Khi uống quá nhiều rượu ở câu lạc bộ hay tiệc công ty người ta thường ăn canh giải rượu như canh giá đỗ (콩나물국), canh cá pu lác (북엇국), canh sò (조개탕). Sản phụ, hay sinh nhật thì ăn canh rong biển (미역국). Vào ngày tết thì ăn canh banh gạo (떡국) và tết trung thu thì ăn 송편.

Đất nước bạn có những món ăn nổi tiếng của Hàn Quốc không? Bạn muốn giới thiệu đến quê hương mình món ăn Hàn Quốc nào?

Ở đất nước bạn vào những ngày giống như trên thì thường ăn món gì?

 Nhiệt huyết giáo dục của Hàn Quốc thực sự rất cao

Việc giáo dục ở đất nước bạn thế nào?

Ở Hàn Quốc, tỷ lệ lên đại học trên 70%. Từ cảnh hoang tàn do chiến tranh, Hàn Quốc đã trở thành cường quốc kinh tế ở vị trí số 10 thế giới đều là nhờ sức mạnh của giáo dục. Tuy nhiên, cũng vì nhiệt huyết giáo dục quá cao mà việc chi phí giáo dục tư chiếm tỉ trọng quá lớn trong tổng chi phí đã trở thành vấn đề của xã hội.

Ở Hàn Quốc, trẻ em trước khi nhập học cấp 1 thông thường đã đi học ở nhà trẻ 2-3 năm. Nhà trẻ ở Hàn Quốc và trường học điều hành mỗi năm 2 học kỳ. Kỳ 1 từ tháng 3 đến tháng 8, kỳ 2 từ cuối tháng 8, đầu tháng 9 đến tháng 2 năm sau. Có kỳ nghỉ hè và nghỉ đông. Giáo dục cấp 1 và cấp 2 là bắt buộc.

Chế độ giáo dục của đất nước bạn như thế nào?

Giáo dục ở đất nước bạn có vấn đề nan giải nào? Chính phủ đang giải quyết vấn đề đó như thế nào?

 Tôi muốn đăng ký thẻ hạnh phúc trẻ em (아이 행복 카드)

Bạn đã từng nghe về thẻ 아이 행복 카드 chưa? Hàn Quốc đang trợ cấp nhằm giảm đi gánh nặng nuôi dưỡng con trẻ của bố mẹ và khuyến khích sinh con. Thẻ 아이 행복 카드 là thẻ cho phép sử dụng tại nhà trẻ, có

thể nhận trợ cấp nuôi dưỡng từ chính phủ dành cho bố mẹ có 2 con từ 0-5 tuổi mà không liên quan gì đến tiêu chuẩn thu nhập. Tùy theo tuổi con cái, cơ quan giáo dục, cơ quan nuôi dưỡng mà tiền trợ cấp sẽ khác nhau. Những trẻ em không đi nhà trẻ cũng sẽ nhận được tiền trợ cấp.

Đăng ký trợ cấp chính phủ ở đâu? / Đăng ký thẻ 아이행복카드 ở đâu? / Đăng ký thẻ 아이행복카드 như thế nào? / Trợ cấp chính phủ được bao nhiêu?

※ hãy đăng ký chuyển đổi tư cách, phí nhà trẻ, phí trợ dưỡng khi chuyển từ nhà trẻ tư → nhà trẻ công hoặc ngược lại.

Ở đất nước bạn có khuyến khích sinh con ? Hay là chính sách kiềm chế việc sinh con? Và hãy thử nói tại sao như vậy?

⑭ Bạn đã từng tham gia lễ hội của khu vực?

Bạn đã từng tham gia lễ hội ở Hàn Quốc?
Ở Hàn Quốc, mỗi khu vực, mỗi mùa thường có rất nhiều lễ hội. Chủ đề của lễ hội nói về sinh thái tự nhiên, sự hòa hợp của nhân dân, văn hóa truyền thống, đặc sản của khu vực, văn hóa nghệ thuật. Lễ hội của Hàn Quốc từ những năm 1980 đã vượt lên hơn 100 lễ hội. Bây giờ là 1200 lễ hội. Năm 1995, khi chinh sách khu vực tự quản bắt đầu thì số lượng lễ hội đã tăng lên một cách bùng nổ. Quý vị hãy cùng tham gia lễ hội một cách vui vẻ nhé.
Lễ hội bướm 함평 나비 축제: Ở 전남 함평 có mở lễ hội với chủ đề côn trùng, hoa cỏ, bướm. Đây là trải nghiệm rất tốt với trẻ em, giúp chúng có thể học tập và khám phá hệ sinh thai.
Lễ hội bùn 보령 머드 축제: Ở 충남 보령 có mở lễ hội tắm bùn. Có thể trải nghiệm việc mát xa bằng bùn ở bãi bùn được chọn lựa rất sạch, và cũng có thể tham gia đại hội đấu vật dưới bùn.
Lễ hội các điệu múa quốc tế 안동 국제춤 페스티벌: Là lễ hội văn hóa truyền thống của경북 안동. Không chỉ có nhảy truyền thống (한국 탈춤) mà còn có điệu nhảy của nước ngoài. Là một trải nghiệm văn hóa đầy màu sắc.
Lễ hội câu cá 화천 산천어 축제: Ở 강원도 화천 có lễ hội được mở vào mùa đông. Có thể câu cá trên bề mặt băng, cũng có thể trượt tuyết. Có thể vui chơi thỏa thích với tuyết và nước đá.
Đất nước bạn có lễ hội nào? Trong lễ hội có thể làm gì?
Bạn đã từng đi lễ hội nào ở Hàn Quốc hay muốn đi lễ hội nào?
Hãy thử giới thiệu về (tên lễ hội / mùa mở hội/ địa điểm / nội dung lễ hội)

⑮ Thời sự quá đáng sợ.

Khi nghe về thời sự nói về thiên tai bạn có suy nghĩ gì?
Mỗi năm số người chết lại tăng lên do những thiên tai không thể lường trước được như hạn hán, lũ lụt, lạnh hay nóng cực độ. Những thiên tai như vậy là hậu quả của việc trái đất nóng lên mà nguyên nhân là do sự phá hủy môi trường. Khí hậu biến đổi theo sự nóng lên của trái đất không chỉ gây ra thiên tai mà còn gây ảnh hưởng nặng nề đến hệ sinh thái. Tuy nhiên vì hiện tượng nóng lên của trái đất không phải là hiện tượng xảy ra một cách tự nhiên nên cần vừa nỗ lực vừa giảm khí ga nhà kính. Dạo gần đây, khi xem thời sự, có thể thấy ở rất nhiều nơi đã xảy ra những trận động đất rất đáng sợ.
Khi các hiện tượng như bão, lũ lụt, động đất, sóng thần, chiến tranh xảy ra thì những cảnh báo bằng tin nhắn kèm theo âm thanh cảnh báo '삐'. Từ năm 2017, tin nhắn cảnh báo sẽ thêm vào hiện tượng bụi ô nhiễm không khí (미세먼지)
Ở đất nước bạn hiện tượng thiên tai nào đã xảy ra? Tại sao?

⑯ Có những phúc lợi gì dành cho người nước ngoài?

Bạn có biết mình có thể nhận được phúc lợi gì khi ở Hàn Quốc hay không?
Hàn Quốc đang chi viện để người nước ngoài có thể có cuộc sống sinh hoạt ổn định bằng việc xuất phát từ việc giáo dục ngôn ngữ và trợ cấp việc tham gia chương trình trợ cấp cộng đồng, bảo đảm sinh hoạt cơ bản. Bất cứ ai cũng có thể nhận dịch vụ phúc lợi nếu có đủ những tiêu chuẩn để ra.
Dịch vụ giáo dục tại gia : - dịch vụ giáo dục tiếng hàn, - dịch vụ giáo dục làm cha mẹ, - dịch vụ sinh hoạt của trẻ nhỏ
Nhằm giúp đỡ những trẻ em người nước ngoài cần học tiếng hàn, cần thích ứng với cuộc sống sinh hoạt Hàn Quốc, hay những người di dân đang trong tình trạng rất khó khăn để đi đến trung tâm giao dục. Người đảm nhận sẽ trực tiếp tìm đến thăm gia đình và hỗ trợ
Dịch vụ chi viện y tế: Khi tổng chi phí phẫu thuật, viện phí trong phạm vi 5 triệu won thì có thể nhận trợ cấp 90% phí trị liệu.
Hỗ trợ nhằm đảm bảo chất lượng cuộc sống luôn khỏe mạnh bằng sự chia sẻ trên cơ sở tình người khi đau ốm.
Dịch vụ phúc lợi khẩn cấp: Trợ cấp tùy theo số lượng người trong gia đình 1 người là 428,000 won và 6 người

là 1,585,100 won.

Trường hợp sinh kế gặp khó khăn trong tình trạng khẩn cấp sẽ hỗ trợ giúp nhất thời về phí lưu trú, phí sinh hoạt. Bạn đang nhận được dịch vụ phúc lợi nào ở Hàn Quốc?

중국어

① 什么是"大雁爸爸,大雁妈妈"?

大家听说过"大雁爸爸,大雁妈妈"吗?

所谓"大雁夫妇"指的是为了子女的教育而分开生活的夫妇。一般大多数情况是爸爸留守在韩国,妈妈和孩子一起生活在国外。这样的爸爸称为"大雁爸爸",妈妈称为"大雁妈妈"。
是什么意思?
"大雁爸爸"喻指为了让子女在国外学习,把妻子和孩子送到国外,自己一个人留在韩国生活的丈夫。
因为"大雁爸爸"平时留守在韩国挣钱,一年只有一次或者两次去家人在的地方,这一点与候鸟大雁非常相似,"大雁爸爸"也正是因此而得名。
为什么产生这样的现象?
这是1990年代中后期随着早期留学热潮而产生的现象。曾一度持续增长的留学生人数以2006年为分界点正在逐步减少。
一是因为海外留学生的就业难问题,家庭解体问题等给留学造成了消极的影响。二是与家人分开生活而带来的精神上的、经济上的负担最终致使一些"大雁爸爸"做出了极端的选择。
在你们国家,也有与"大雁夫妇"相似的词吗?这个词产生的原因是什么?
你们对于为了子女的教育,夫妻分开生活是怎么看的?

② 怎么找兼职工作?

你们想找兼职工作吗?
兼职工作的简称是"알바"。虽然词典上没有登载"알바",但是报纸上都在广泛使用。以前为了找兼职工作四处询问打听,但是现在主要依靠网络。一般聘用兼职的地方主要有网吧、便利店、快餐店、练歌房和大型超市。
直接询问
聘用兼职的地方一般会在店门等位置张贴招聘广告。这对于韩语生疏的外国人来说是一个寻求兼职工作的好方法。可以当天面试、当天知晓结果。
利用生活信息报
"交叉〇"和"跳蚤〇〇"是最典型的面向全国发行的生活信息报。在地址铁站、公交车站、超市、书店入口等地方都有放置。并且在相关网页上也能看到。

利用网络
利用网络也可以寻求兼职工作。代表性的兼职网站是"兼职〇〇"和"兼职〇"。
点击你想就职的地区就可以得到相关的信息。
最好是尽量避开那些经常上传聘用广告的公司。因为这些地方的工作环境和待遇可能不好。像只留有"联系后会向您详细说明情况"这些内容的也要非常小心才行。另外,以雇佣兼职为借口,要求把履历书、信用卡和银行账号等发送快递的一般都是诈骗,一定不要提供个人信息。
大家做过兼职工作吗?以后想找什么样的兼职工作呢?

③ 我们也可以使用"照看教室"吗?

大家享受过"照看服务"吗?
应女性进入社会比例扩大、双职工家庭增加的要求,韩国正在努力营造安心养育子女的条件。所谓"初等照看教室"就是在学校为那些父母无法照看孩子的双职工家庭免费提供课后照看子女服务的项目。
谁可以享受服务?
为那些特别需要照看的双职工夫妇、低收入阶层、单亲家庭的小学生提供照看服务。以小学1~2年级为主要服务对象的照看教室每天有一个以上的免费项目。这些项目在孩子三年级以后会连接至"放课后项目"继续进行。
可以享受哪些服务?
"下午照看教室"从放学后到下午五点,"晚上照看教室"从下午五点到晚上十点。提供作业、日记、读书等个人活动服务和游戏、体验活动等集体活动服务。"放课后学校联动型照看教室"是针对那些参与"放课后学校"的照看学生提供的。
也有服务到家庭里的照看服务。"幼儿照看教室"是为那些有三个月以上、十二岁以下儿童的双职工家庭等提供直接到家里的安全地照顾儿童的幼儿照看服务。
在你们国家,为了帮助父母安心工作提供哪些支援?

④ 想了解就业相关信息

大家是从哪些渠道了解就业相关信息的?
很多人都在努力地争取稳定的工作岗位。但是找到好的工作岗位并不是件容易的事。需要付出诸如积极地参加就业博览会等的努力。外国人想要就业的话,首先需要确认自己的签证是否能够就业。这可以通过"外国人综合介绍中心(☎1345)"来确认。
雇佣中心
国家(雇佣劳动部)运营的代表性的促进就业机关。
服务于全国各地区.
外国劳动力支援中心
针对外国劳动人员提供多样性服务的民间机构。
女性劳动力开发中心

帮助联系女性就业和提供职业培训的机关。

提供的服务大多数是免费服务。

多文化家族支援中心

联系就业和运营直接培训项目。

(多文化理解讲师, 原语民讲师培养课程等)

市·郡就业信息中心

由市和郡运营的免费联系就业机关。

请访问咨询市厅或郡厅。

首尔国际中心

由首尔市厅运营的机关。

举办创业、咨询、外国人就业博览会等，提供创业咨询和支援。

女性新就业中心

女性家庭部指定机关。

提供职业教育培训、就业咨询等服务。

其他网站

工作网(www.work.go.kr):可以通过就业门户网站取得工作岗位信息。免费提供"移民就业准备"职业心理检查服务。

就业之前需要接受必要的职业培训。外国人需要有雇佣保险被保险资格取得履历，但是结婚移民者不需要这样的履历。只要申请并取得了"明日学习卡"的话就可以得到教育费用支援。

你们是在哪里如何获取就业信息的？

⑤ 原来是这样，这样做是不可以的吗？

大家听说过韩国人不能做的事情吗？

"给恋人送礼物不能送皮鞋。定了婚期以后不能去别人的婚礼。"虽然这些话没有科学根据，但是这些是韩国人非常在意的事情。

不喜欢数字4

高楼或者电梯里不用数字4而是用F来代替。仁川机场没有4号、44号登机口。因为4的发音和意味着死亡的汉字"死"的发音非常相似。

不用红色写名字

因为在很多情况下用红色来写去世的人的名字。人死了以后用的棺材盖也是用红布盖着的。

不把勺子插在饭上面

因为祭祀去世的人的时候会在米饭插上勺子。

在你们国家有哪些禁忌？理由是什么？

你们有过因为韩国的禁忌而感到惊讶的时候吗？是什么事情呢？

⑥ 礼物竟有着这样的含义！

大家向即将考试的考生送过礼物吗？

在韩国，为了祝愿即将考试的考生考试合格会送礼物。传统的祝愿考试合格的礼物是麦芽糖或者糯米糕。但是随着时代的变化，送的礼物也发生了很大变化。现在会送镜子，意思是好好考（在韩语里看镜子的"看"和考试的"考"是同一个词）。也会送镊子，有希望考生"像镊子一样好好的挑选正确答案"的含义。这些是能让人感受到期盼考试合格的人的心意和趣味的礼物吗？

不能送这些礼物: 海带汤, 粥

因为海带非常滑，会让人联想到考生吃了海带汤以后考试会落榜。

韩语的"熬粥"这个词除了煮粥的意思以外，还有"某些事情处理不好弄糟了"的意思。因此考生一般不吃粥。

可以送这些礼物: 麦芽糖, 糯米糕

韩语的考试"合格"可以说成考试"粘住"。不管是麦芽糖还是糯米糕都是粘性很强、很容易粘的食物。所以人们会认为吃了这些以后考试会合格，就像麦芽糖和糯米糕一样"一下子"就粘住了，"一下子"就考上了。

卫生纸, 斧头和叉子

含义是就像能轻轻松松就抽开的卫生纸卷一样，祝愿考试题也能轻轻松松就解开。

含义是像斧头稳准的砍树一样，叉子稳准的插住食物一样，希望考生遇到不会的试题也能稳准的猜出来。

你们国家的人们即将考试的时候会做什么不会做什么？

你们国家的人们会向即将考试的考生送什么礼物？有什么含义吗？

⑦ 119可以免费使用吗？

大家使用过紧急报警电话吗？当时发生了什么？

事故是没有预告的，任何时候都可能发生紧急情况。而事故发生的时候，处理是否妥善将直接决定人们的命运。因此，提前熟悉和了解正确的应急处理方法至关重要。

请务必记清楚能保护自己、家人、甚至别人的生命安全的应急处理方法。消防119救援队在全国各地都是免费的。

119救援报警时：场所在哪儿，哪里不舒服，有无意识和呼吸，是否生病和有无服用中的药，请一定告知报警人的姓名和联系方式

119救援报警后

救护车到达前一边通话一边根据医疗指导沉着冷静地做应急处理，直到救护车到达。

※ 最好用手机，而不是家里的座机报警。

听障人士或者无法通话时

可以通过短信发送事故位置和事故内容。

可以通过视频传达手语或手写的文字信息。

在你们国家发生了紧急情况要联系哪儿，怎么联系呢？可以接受哪些援助呢？

⑧ 怎么给孩子起名字?

你们的名字是谁起的? 名字包含了什么意义吗?

一起猜个谜语吧!"什么东西虽然属于我自己,但别人用的更多?" 谜底就是"名字"。孩子出生以后,人们会给孩子取一个包含对未来的期望以及心愿的名字。起名在韩语里叫做"作名"。"作名"也会赶潮流,随着时代不同,人们喜欢起的名字也不一样。

在以前

起名一般是家里的长辈按照家族的字辈来取。特别是男子大都按照字辈来起名。各个时期都有其代表性名字有:1940年代的英洙·英子,1950年代的英洙·英淑,1960年代的英洙·美淑,1970年代的正勋·恩洙,1980年代的智勋·智慧,1990年代的智勋·宥真。

而现在

近来,父母给孩子起名字并不一定根据字辈了。2010年代最受欢迎的名字是民俊·书妍。2017年大法院公开的资料表明最受欢迎的新生儿名字女孩儿为"夏润",男孩儿为"度润"。

除了汉字名,纯韩语名中也非常受欢迎。其中最多的是한결(男)·사랑(女)。

在你们国家,各个时期流行的名字是什么? 用哪些字呢?

你们的孩子的名字是谁起的? 包含了什么含义?

⑨ 你填写过标准劳动合同吗?

大家见过标准劳动合同吗?

劳动合同指的是规定劳动人员根据用人单位的指示和管理工作,作为代价公司支付劳动报酬的契约。标准劳动合同指的是写有这些劳动契约的文件。是工作之前一定要填写的。

为什么要填写?

是为了在发生滞付报酬等问题时得到保护。

有哪些内容?: 1. 用人单位与工作人员的身份履历, 2. 劳动合同期间: 工作期间, 3. 劳动场所: 工作的场所(合同上规定的场所外,不能要求劳动者工作), 4. 业务内容: 工作的内容, 5. 业务时间: 工作的时间, 6. 间修时间: 休息时间, 7. 休假: 休息日期, 8. 报酬: 每月账户汇款, 9. 报酬支付日期: 每月/每周( )日期/星期, 10. 支付方式: 直接支付或者通过账户, 11. 提供食宿: 是否提供宿舍与三餐。

其他

违反劳动基准法的规定的标准劳动合同是无效的。另外劳动合同上没有规定的内容则根据劳动基准法执行。

填写标准劳动合同。

⑩ 肢体语言在每个国家差异很大

大家常用什么肢体语言?

肢体语言就像我们说的语言一样每个国家都不一样。举个例子来说,在韩国伸出大拇指是"很棒"的意思,但是在别的国家却是"拒绝"或者"骂人"的意思。所以肢体语言要根据文化习惯来使用,否则可能会引起误会。这也要求我们学习一个国家语言的时候,不仅学习说的语言,还要了解这个国家的肢体语言。

金钱

把大拇指和食指端部连接成一个圆圈。这在某些国家是"OK",而在某些国家是"骂人"。

胜利

食指与中指摆成"V"字形。拍照片的时候经常摆出这个手势。手心向前和向后都没有关系。

叫人过来的时候

手背朝下向自己的方向挥动。主要用在大人叫小孩过来的时候。另外朋友之间也经常使用。

数数的时候

从1到5数数的方法是先把手指全部伸开,然后从大拇指开始一个一个地把手指收起来。从6到10的方法是从小指开始一个一个地伸开。(单手数数时)

你们国家的肢体语言与韩国的肢体语言含义是不一样的还是一样的?

⑪ 在韩国这些饮食很有名。

在韩国的饮食中,大家喜欢哪些?

在韩国这些时候会吃这些食物。

为了战胜夏天的暑热,或者生病、手术以后为了恢复元气,人们一般会吃参鸡汤、烤鳗鱼和鲍鱼粥等。

在聚餐、聚会的时候喝多酒以后,会喝带有热汤的豆芽汤饭、干明太鱼汤和蛤蜊汤等

产妇或者是过生日的人一定要喝海带汤。过年的时候会吃年糕汤,中秋节的时候会吃松饼。

在你们国家,有备受喜爱的韩国饮食吗? 有想要介绍到自己家乡的韩国饮食吗?

在你们国家,下列在情况下一般会吃什么饮食?

⑫ 韩国"教育热"真的很热

你们国家的"教育热"怎么样呢?

韩国的大学入学率超高达70%。韩国能从战争的废墟中,一举发展成为世界第10位的经济强国,都来自于韩国"教育热"的力量。然而也正是因为"教育热"使得家庭支出中的私教育费比重过高,逐渐成为一个社会问题。

在韩国,孩子们小学入学前一般会上两到三年的幼儿园。韩国的幼儿园和学校是按一年两个学期的制度来运营的。第一学期从三月开始到八月结束,第二学期从八月末~九月初开始到第二年二月结束,有暑假和寒假。初等学校和中学校是义务教育。

你们国家的教育制度怎么样?
你们国家的教育有什么问题吗? 这些问题正在怎么解决呢?

⑬ 想申请"孩子幸福卡"。

大家听说过"孩子幸福卡"吗?
为了减轻父母的养育负担, 为了鼓励生育韩国采取了很多支援措施。"孩子幸福卡"与收入水平无关, 通过这张卡政府向有0~5岁子女的父母支付政府养育支援金, 可以在使用儿童之家、幼儿园时直接用于结算。随着子女的年龄、教育机关、保育机关不同支援金金额也不同。不上儿童之家和幼儿园的孩子也可以收到支援金。
在你们国家奖励生育吗? 还是限制生育? 请说一说为什么?

⑭ 你去过地区庆典活动吗?

大家去过地区庆典活动吗?
在韩国的各个地区各个季节会举办多种多样的庆典活动。
庆典活动的主题会有文化·艺术、地区特产、传统文化、居民和谐、生态自然。韩国的庆典活动在1980年代不过100余个, 但是现在已经超过了1200个了。随着1995年地方自治制度的实行, 地区庆典也呈现爆发式的增长。请大家一起参与和感受一下丰富多彩的地区庆典活动吧。
咸平蝴蝶庆典
在全南咸平举办的以蝴蝶、鲜花、昆虫为主题的庆典。因为可以进行生态体验学习, 非常适合跟孩子一起参加。
保宁美容泥浆节
在忠南保宁举办的泥浆庆典。可以用从干净的泥塘里取的泥浆做按摩, 进行泥浆摔跤大会等多样的体验活动。
安东国际假面舞节
在庆北安东举办的传统文化庆典。不仅能看到韩国的假面舞, 还能看到海外的假面舞。有很多精彩的体验活动。
华川山鳟鱼庆典
在江原道华川举办的冬季庆典。可以在冰面上钓鱼, 也可以滑雪。可以在冰上、雪上尽情地地体验。
在你们国家有哪些庆典活动呢? 在这些庆典上一般会做什么?
大家去过韩国的庆典活动吗? 或者有想去的庆典活动吗?
请介绍一下(庆典名称 / 庆典举办季节 / 庆典场所 /庆典内容)。

⑮ 新闻太可怕了。

大家看到有关自然灾害的新闻的时候有什么想法?
由于酷暑和严寒, 洪水和干旱等无法预估的自然灾害, 而失去生命的人数每年不断增加。这些自然灾害是因环境破坏而引起的温室效应的结果。温室效应带来的气候变化不

仅会引发自然灾害, 对自然生态也产生严重的威胁。但是温室效应并不是自然产生的现象, 只要努力是可以减少温室气体的。近来, 世界各地频繁发生地震, 让人都不敢看新闻了。
为什么会产生温室效应?: 工厂生产产品时产生的二氧化碳, 汽车排放的二氧化碳, 牛、猪的粪便, 食物垃圾等产生的沼气(随着温室气体的增多而产生)
温室效应会导致哪些危害?: 干旱, 洪水, 寒潮, 暴雨, 冰川减少, 暴雪, 高温, 沙尘暴, 海平面高度上升
温室效应如何预防? 植树, 修整树木, 不使用一次性用品, 减少垃圾和废物利用, 减少使用空调, 利用大众交通, 使用能效比高的家电产品
台风、洪水、暴雪、地震、海啸、战争等各种灾难发生时, 随着"哔"的一声警报音会收到短信。从2017年开始追加了雾霾警报。
你们国家发生过哪些自然灾害? 为什么发生呢?

⑯ 为外国人提供的福利有哪些呢?

大家知道你们在韩国可以享受哪些福利服务吗?
为了让外国人能在韩国安全地生活, 韩国提供韩语教育、基础生活保障、国民年金等各种支援服务。只要符合支援对象要求的几个条件, 不论谁都可以享受这些服务。
访问教育服务: - 韩语教育服务, - 父母教育服务, - 子女生活服务
对处于无法接受教育的移民者, 或者是需要适应韩国生活和接受韩语教育的外国人子女提供家庭访问教育。
医疗支援服务
住院或手术时可以支援总额为500万元韩币以内的诊疗费的百分之九十。
罹患疾病的时候, 提供支援, 以保障作为人的至少的健康生活品质。
应急福利服务
根据成员数不同, 支援从1个人的428,000元韩币到6各人的1,585,100元韩币。
突然陷入危机导致生计困难的时候, 会对生活费、居住费等费用提供暂时支援。
大家在韩国都享受着哪些福利服务呢?

일본어

① 雁(ガン、カリ)パパ, 雁ママという言葉を聞いたことがありますか

雁夫婦(기러기 부부)は、子供の教育のために別々に離れて住んでいる夫婦をいいます。通常お父さんが韓国に残って生計をたて、お母さんは子供と一緒に

外国に住んでいる場合が多いです。この時、お父さんを雁パパ(기러기 아빠)、お母さんを雁ママ(기러기 엄마)といいます。

　子供を外国で勉強させるために、妻と子供を外国に送り、一人国内に残って生活する夫を比喩的に表す言葉です。普段は韓国でお金を稼ぎ、一年に一、二回家族がいる場所に行くという点で、渡り鳥の雁と似ていると名前をつけられました。
1990年代後半、早期留学のブームが吹いた時の現象です。増え続けていった留学生数は2006年を頂点とし、減少しています。

　海外留学生の就職難、家族がバラバラになるなど、留学のマイナスな影響がでたためです。家族と離れた暮らしの中で、情緒的・経済的問題で極端な選択をする雁パパが社会問題となったりもしています。

② アルバイトはどうやって探しますか

アルバイトを略して「アルバ」とよく言います。「アルバ」は、辞書にない言葉ですが新聞でも一般的によく使われています。昔はアルバイトを探すために歩きまわりましたが、今は主にインターネットを利用します。多くのアルバイトを募集している所は、ネットカフェ、コンビニ、ファーストフード店、カラオケ、大型スーパーがあります。
実際に歩いて探す場合、アルバイトを探している店のドアなどに求人広告が貼ってあります。韓国語が上手ではない外国人がアルバイトを得るのに良い方法です。当日すぐに面接を受けて結果を知ることができます。

　生活情報誌を利用する場合、교차로(交差路)と벼룩시장(フリーマーケット)は、代表的な生活情報紙で全国で発行しています。駅、バス停、スーパー、書店の入口などに設置されています。ウェブサイトでも見ることができます。
ネットを利用する場合、インターネットでアルバイトを探すことができまよ。代表的なアルバイトサイトは、「アルバ天国」と「アルバモン」です。本人が働きたい地域をクリックすると、情報を得ることができます。
インターネットで求人がよく来る店はできるだけ避けたほうがいいです。勤務環境や待遇が良くないことがあります。そして、「一度連絡をくれれば詳しく説明します」などの内容だけの場合も非常に注意が必要です。また、アルバイトを探しているといいながら履歴書、カード、通帳をバイク便で送ってほしいというのは詐欺なので、絶対に個人情報を渡してはいけません。

③ 私たちもお世話教室を利用できますか

韓国では、女性の社会進出が拡大され、共働き家庭が増加するにつれて、安心して子供を養育できる環境を作っていっています。「初等お世話教室」は、共働きなどで親が子供の世話をすることができない家庭の子供たちを学校で放課後、無料で世話をするプログラムです。

　お世話が必要な共働き、低所得層、ひとり親家庭の小学生の世話をします。1~2年生中心のお世話教室では、毎日1つ以上の無料のプログラムがあります。3年生以上は放課後プログラムと連携して行っています。
午後のお世話教室は放課後から午後5時まで、夜のお世話教室は午後5時から夜10時までです。宿題、日記を書く、読書などの個人活動と、遊び、体験活動などの団体の活動を支援しています。「放課後の学校連携型お世話教室」は、「放課後学校」に参加するお世話対象の学生のためのプログラムです。
家庭に訪問するお世話サービスもあります。「子供お世話教室」は、満3カ月以上12歳以下の子供をもつ共働き家庭などに、子供ヘルパーが直接訪問して子供を安全に世話をする子供お世話サービスです。
出典: 子供お世話サービス(https://www.idolbom.go.kr/home.go)

④ 就業関連情報を知りたいです

多くの人が安定した仕事を得るために努力をしています。しかし、良い仕事を求めることは容易ではありません。就職フェアに参加するなど、積極的な努力が必要です。外国人が就職をするには、まず、本人が持っているビザで就労することができるかどうかを確認しなければなりません。確認は、外国人総合案内センター(☎1345)でできます。
雇用センター：国(雇用労働部)が運営する代表的な就職斡旋機関。全国各地域にあります。
外国人力支援センター：外国人労働者を対象に様々な手助けをしてくれる民間の機関。
女性人力開発センター：女性の就業斡旋と職業訓練をしてくれる機関。プログラムのほとんどが無料です。
多文化家族支援センター：就職斡旋と職業教育プログラムを運営。(多文化理解講師、ネイティブ講師養成課程など)
市、郡就業情報センター：市と郡で運営している無料の就職斡旋機関。市役所や郡庁を訪問してみてください。
ソウルグローバルセンター：ソウル市庁で運営する機関。創業相談、外国人就業博覧会などを開催して、創業相談や支援をしてくれます。
女性新お仕事センター：女性家族部で指定された機関。職業教育訓練、就職相談など就職支援サービスをしてくれます。

その他インターネット：ワークネット（www.work. go.kr）：就職ポータルサイトで仕事情報を得ることができます。「移住民就職準備」職業心理テストサービスを無料でしてくれます。

就職をする前に、必要な教育を受けることができます。外国人は、雇用保険被保険者資格取得履歴が必要ですが、結婚移民者は、このような履歴がなくても大丈夫です。「明日の学びカード」の発行を受けると教育費の支援を受けることができます。

⑤ 知りませんでした。もう二度としてはいけない事がありますか

「恋人に靴をプレゼントしてはいけない。」、「結婚式の日取りを決めたら他の人の結婚式に行ってはいけない。」このような言葉は、科学的な根拠があるわけではないですが、韓国人がしないように注意している事です。

建物やエレベーターでは、数字の4の代わりにFを書きます。仁川空港にも4番、44番搭乗口がありません。4の発音が死を意味する漢字の「死」と同じだからです。

死んだ人の名前を赤で書く場合が多いため赤い字で名前を書きません。人が死ぬ時もお棺の蓋を赤い色の布で覆います。

死んだ人の祭祀を行う時ご飯の上にスプーンを差したてるためスプーンをご飯に差し立てません。

⑥ プレゼントにそんな意味があったなんて！

韓国では試験を控えた人に合格を祈願するプレゼントをします。伝統的な合格祈願の贈り物は、飴や大福(もち)でした。しかし、時代の変化に応じてプレゼントもかなり変わりました。最近では、「試験がうまくいきますように。」という意味で鏡を、「ピンセットのように正解をよく選べ」という意味で「ピンセット」をプレゼントしています。試験合格を願う人々の心と面白さが感じられるプレゼントではないでしょうか。

こういう事はしません。：わかめスープを飲む。ワカメがツルツル滑るのでワカメスープを飲むと試験に落ちるという考えがあるためです。

おかゆを炊く。「おかゆを炊く」は「おかゆを炊く」という意味に加えて「めちゃめちゃになる」という意味もあるのでおかゆを食べません。

こういうものをプレゼントします。：飴、大福(もち)。「試験に合格する。」は「試験にしがみつく」と同じ意味です。飴やもちが、良くくっつくので、これを食べると試験に合格すると考えているからです。飴や大福のように一度に「ぺたっ」とくっついて合格するという意味

です。
トイレットペーパー、斧とフォーク。スルスルよくほどけるトイレットペーパーのように問題をよく解けますようにという意味です。斧で木を突くように、フォークで食べ物を突き刺すように知らない問題は、うまく突いて選べという意味です。

⑦ 無料で119を利用できますか

事故は、予告なしにやってくるので、いつでも緊急事態が発生する可能性があります。緊急時にどのように対処するかによって、人の運命が変わることがありますので、適切な対処法を身につけておくことは、とても重要です。

自分と家族、さらには他の人々の命を守ることができる緊急対処法を覚えておいてください。消防署の119救急隊は、全国どこでも無料です。

119 救急申告をする時は: 場所がどこなのか, どこが痛いのか, 意識と呼吸があるのか, 持病と飲んでいる薬があるのか, 申告者の名前と連絡先を必ず知らせてください。

119 救急申告後には: 救急車が到着するまで通話をしながら、医療指導を受けて冷静に応急処置をし、救急車を待って下さい。

※自宅の電話よりも、携帯電話で申告してください。
聴覚障害者や音声通話が不可能な場合は
位置や事故の内容を文字で送ってください。
手話や文字を書いて、画面に映してください。

⑧ 子供の名前はどうやって名付けますか

謎かけを一つ！「私のものだが、他の人がより多く使うのは？」そう、それは「名前」です。子供が生まれたら、子供の将来の希望と祈りを込めて名前をつけます。名付ける事を命名といいます。命名にも流行があり、時代別によく名付けられた名前があります。

以前は、家族の長が世数関係を表すための文字に基づいて名付けるのが普通でした。特に、男性は普通は世数関係を表すための文字が名前に入っていました。

時期別の代表名を見ると、1940年代には、ヨンス・ヨンジャ、1950年代にはヨンス・ヨンスク、1960年代にはヨンス・ミスク、1970年代には、ジョンフン・ウンジュ、1980年代にはジフン・ジヘ、1990年代にはジフン・ユジンとなっていました。

最近は
最近では、子供の名前は親が名付ける事が多く、世数を表す文字を必ずつけるわけではありません。2010年代に最も人気があった名前は、ミンジュン・ソヨンです。2017年最高裁が発表した資料によると、好まれる出生

児の女の子の名前は「ハユン」、男の子は「ドユン」です。

韓国固有語の名前も人気が多く、最も多い名前は、ハンギョル（男）・サラン（女）です。

⑨ 標準勤労契約書は作成しました

労働契約とは、労働者が使用者の指示管理に基づいて仕事をした見返りに、会社が賃金を支給することにした契約をいいます。標準勤労契約書とは、このような労働契約の内容を書いた文書をいいます。仕事をする前に、必ず作成しなければなりません。

なぜ作成しなければいけませんか。：賃金未払いなどの問題が発生したときに保護受けるためです。

どんな内容を書きますか。：1. 使用者と労働者の個人情報, 2. 勤労契約期間: 仕事をする期間, 3. 勤労場所: 仕事をする場所(契約書で決められた場所以外で仕事をさせてはいけない。), 4. 業務内容: する仕事, 5. 勤労期間: 仕事をする時間, 6. 休憩時間: 休み時間, 7. 休日: 休む日, 8. 賃金: 月の通常賃金, 9. 賃金の支給日: 毎月/毎週（　）日/曜日, 10. 支給方法: 直接支給または通帳振り込み, 11. 寝食提供：寮や食事を提供するかどうかその他: 勤労基準法が定めた基準に反する労働契約の部分は無効です。また、労働契約書で定めていない事は、勤労基準法に沿います。

⑩ ジェスチャー言語は国ごとにかなり違います

ジェスチャー言語は言語と同じくらい国ごとにかなり違います。例えば、韓国では親指を立てれば「最高」という意味ですが、他の国では、「拒絶」や「悪口」を意味しています。なのでジェスチャー言語は文化に合わせて使用しなければ、大きな誤解を招く可能性があります。言語を学ぶときは、その言語だけではなく、ジェスチャー言語も一緒に知っておくべきでしょう。

お金: 親指と人差し指の先端を突き合わせて丸くしています。ある国では、「OK」、ある国では「悪口」を意味しています。

勝利: 人差し指と中指でVの字を作ります。写真を撮る時のポーズでも多く使用している。手のひらの内側が見えても、外側が見えても大丈夫です。

人を呼ぶとき: 手の甲を上にして、自分に向かって手を動かします。主に大人が子供を来るようにする時や、または友人どうしで多く使われます。

数を数えるとき: 指をすべて伸ばし、親指から折りながら5まで数えます。6からは小指から開きながら10まで数えます。（片手で数えるとき）

⑪ 韓国で、この食べ物は有名です

韓国の人々はこんな時にこんな食べ物を食べます。

夏の暑さに勝つために、また、病気や手術をした後、気力回復のためにサムゲタンやうなぎの蒲焼、アワビ粥などを食べます。

会食や飲み会でお酒をたくさん飲んだときは、モヤシクッパや干しスケドウダラスープ、貝なべなど、喉越しがすっきりとしたスープがある食べ物を食べます。

産婦や誕生日を迎えた人は必ずワカメのスープを飲みます。お正月にはお雑煮を食べ、秋夕にはソンピョンを食べます。

⑫ 韓国は教育熱が本当に高いです

韓国は大学進学率が70%を超えるほど教育熱が高いです。韓国戦争の廃墟の中で、世界10位圏の経済大国を生み出した力もまさに教育熱です。しかし、高い教育熱のために家計支出のうち教育費が占める割合が大きいことが問題点として表れています。

初等教育：初等学校、6年義務教育

中等教育：中学校、3年義務教育。高等学校、3年。

高等学校：総合学校、4年。専門学校、2年。

韓国では子供たちが小学校に入学する前に、通常、幼稚園を2～3年通います。韓国の幼稚園や学校は一年に2学期制で運営しています。1学期は3月に開始し8月まで、2学期は8月末～9月初めから翌年2月までです。夏休みと冬休みがあります。小学校と中学校は義務教育です

⑬ 子供幸せカードを申請したいです

韓国は、親の養育負担を軽減し、出産を奨励するためのサポートをしています。子供幸せカードは所得水準に関係なく、満0～5歳の子供を持つ親が、政府の保育支援金を受けて保育園、幼稚園利用時に決裁できるようにしたカードです。子供の年齢や教育機関、保育機関によって支援金額が違います。保育園や幼稚園に行かない子もサポートを受けることができます。

政府補助金はどこで申請しますか。：オンラインでは、福祉路(www.bokjiro.go.kr)HP、オフラインでは、邑面洞住民センター

子供幸せカードはどこで申請しますか。：オンラインでは、福祉路(www.bokjiro.go.kr)HP、妊娠育児総合ポータル子供愛 (www.childcare.go.kr) HP、カード会社HP: KB国民カード, ウリカード, ハナカード, NH農協カード, 新韓カード, ロッテカード, BCカード(7個)、オフラインでは、邑面洞住民センター、全国の銀行、主要カード会社

の支店

子供幸せカードはどうやって使いますか。：オンライン
では、ARS(1566-0244) 決済、インターネット決済 (子供
愛www.childcare.go.kr)、オフラインでは、幼稚園訪問
決済、保育園訪問決済

政府補助金はいくら支援されますか。：満0歳から2歳：
25万ウォン〜43万ウォン、満3歳から5歳：22万ウォン
※家庭での養育の場合年齢に応じて10万ウォン〜20万
ウォン支援
※保育園→幼稚園、幼稚園→保育園に変更するときは、
保育料及び幼児学費資格変更の申請をしてください。

⑭ 地域のお祭りに行った事がありますか

韓国では、地域ごと、季節ごとに様々なお祭りが開かれ
ます。お祭りのテーマは、文化・芸術、地域特産物、伝
統文化、住民交流、生態自然です。韓国のお祭りは、
1980年代には100あまりに過ぎなかったですが、今は
1200箇所以上になっています。1995年に地方自治が開
始され、爆発的に増えてたのです。皆さんも様々な地域
のお祭りに参加してみましょう。

咸平蝶祭り：全羅南道咸平で開かれる蝶、花、昆虫をテー
マに開かれる祭りです。生態体験学習をすることができ
て子供たちと一緒に参加するのにいいです。

保寧の泥祭り：忠南保寧で開かれる泥祭りです。きれい
な干潟で採取した泥でマッサージや泥相撲大会など、様々
々な体験をすることができます。

安東国際ダンスフェスティバル：慶尚北道安東で開かれ
る伝統文化祭りです。韓国仮面舞踏だけでなく、外国の
仮面舞踏も見ることができます。体験できる多彩なプロ
グラムもあります。

華川ヤマメ祭り：江原道華川で開かれる冬の祭りです。
氷の上で釣りをしたり、ソリに乗ることができます。雪
と氷の上で楽しく遊ぶことができます。

⑮ 外国人のための福祉には何がありますか

韓国は外国人が安定した生活ができるように韓国語教育
をはじめ、基礎生活保障、国民年金など、さまざまな支
援をしています。支援対象者となる一定の条件を満たせ
ば誰でも福祉サービスを受けることができます。

訪問教育サービス：韓国語教育サービス、両親教育サー
ビス、子供生活サービス。

教育を受けられない状況に置かれた移民や韓国生活の適
応と韓国語教育が必要な外国人の子供たちのための家を
訪問して支援してくれます。

医療支援サービス：　入院と手術時は、合計500万ウォ
ンの範囲内で総診療費の90％を支援してくれます。病気
にかかったとき、人間として受けるべき最低限の健康な
生活の質を確保するための支援をしてくれます。

緊急福祉サービス：1人428,000ウォンから6人1,585,100
ウォンまでの構成員の人数に応じて支援してくれます。
突然の危機的状況で生計が困難な場合の生活費、住居費
などを一時的に支援してます。

⑯ ニュースがとても怖いです

極端な暑さと寒さ、洪水や干ばつなどの予期せぬ自然災
害で命を失う人が毎年増えています。これらの自然災害
は、環境破壊による地球温暖化の結果です。地球温暖化
に伴う気候変動は、自然災害だけでなく、生態系にも大き
な被害を与えています。しかし、地球温暖化は自然に起こ
る現象ではないので、努力すれば温室効果ガスを削減す
ることができます。最近では、ニュースを見るのが怖いほど
に世界の多くの場所で地震も起きています。

地球温暖化はどうして、起きますか。：工場でものを生産
する際に発生する二酸化炭素、運行中の自動車から発生す
る二酸化炭素、牛、豚の糞尿、生ごみなどから発生するメ
タンガス（温室効果ガスの量が多くなって起きます）

地球温暖化はどんな被害がありますか。：干ばつ、洪
水、寒波、豪雨、氷河の減少、大雪、猛暑、黄砂、海面
高の上昇

地球温暖化はどう防ぐ事ができますか。：木を植え育て
る、使い捨て用品を使用しない、ごみを減らしリサイク
ルする、エアコンの使用を控えること、公共交通機関を
利用する、エネルギー消費効率の高い家電製品を使用す
る

台風、洪水、大雪、地震、津波、戦争などの様々な災害
が発生したとき「ピー」という音とともに、災害の携帯
メッセージ連絡がきます。2017年からはPM2.5も追加に
なりました。

단원	구분	위치	어휘	쪽	단원	구분	위치	어휘	쪽
4-1	정한	어휘	학부모	8	4-1	즐한	과제	멘토링	19
4-1	정한	어휘	학기 안내	8	4-1	즐한	과제	전통문화	19
4-1	정한	어휘	공개 수업	8	4-1	즐한	과제	바리스타	19
4-1	정한	어휘	담임	8	4-1	즐한	과제	워킹 맘	19
4-1	정한	어휘	학급	8	4-1	즐한	과제	관련되다	19
4-1	정한	어휘	운동회	8	4-1	정한	읽고 쓰기	사회	13
4-1	정한	어휘	체험 학습	8	4-1	정한	읽고 쓰기	책임지다	13
4-1	정한	어휘	방과 후 수업	8	4-1	정한	읽고 쓰기	변화(를) 하다	13
4-1	정한	어휘	회장	8	4-1	정한	읽고 쓰기	단점	13
4-1	정한	어휘	맡다	8	4-1	정한	읽고 쓰기	정부	13
4-1	정한	어휘	달리기	8	4-1	정한	읽고 쓰기	방안	13
4-1	정한	어휘	전업주부	9	4-1	정한	읽고 쓰기	해소(를) 하다	13
4-1	정한	어휘	아이 돌봄 서비스	9	4-1	정한	읽고 쓰기	워킹 대디	13
4-1	정한	어휘	도우미	9	4-1	정한	읽고 쓰기	이혼	13
4-1	정한	어휘	주민 센터	9	4-1	정한	읽고 쓰기	양육비	13
4-1	정한	어휘	바자회를 열다	9	4-1	정한	읽고 쓰기	지원	13
4-1	정한	어휘	뽑히다	9	4-1	정한	읽고 쓰기	산후조리원	13
4-1	정한	어휘	의논하다	9	4-1	정한	읽고 쓰기	급여	13
4-1	정한	어휘	번거롭다	9	4-1	정한	읽고 쓰기	고충	14
4-1	정한	어휘	대강당	9	4-2	정한	어휘	근무 기간	16
4-1	정한	문법1	돌	10	4-2	정한	어휘	야간	16
4-1	정한	문법1	시작되다	10	4-2	정한	어휘	근무 장소	16
4-1	정한	문법1	엘리베이터	10	4-2	정한	어휘	시간제	16
4-1	즐한	준비1	건조하다	14	4-2	정한	어휘	근무 시간	16
4-1	즐한	준비2	삐다	15	4-2	정한	어휘	주당	16
4-1	즐한	준비2	한의원	15	4-2	정한	어휘	주간	16
4-1	정한	문법2	단수	11	4-2	정한	어휘	일수	16
4-1	정한	문법2	배웅하다	11	4-2	정한	어휘	최소	16
4-1	정한	문법2	맞추다	11	4-2	정한	어휘	모집(을) 하다	17
4-1	즐한	준비3	습도	16	4-2	정한	어휘	우대(를) 하다	17
4-1	즐한	준비3	약	16	4-2	즐한	준비1	말씀(을) 드리다	24
4-1	즐한	준비3	노선	16	4-2	정한	문법1	가사	18
4-1	즐한	준비3	제도	16	4-2	정한	문법1	단짝	18
4-1	정한	문법3	품질	12	4-2	즐한	준비2	취업	25
4-1	정한	문법3	노력	12	4-2	즐한	준비2	원서	25
4-1	정한	문법3	문법	12	4-2	즐한	준비2	방문하다	25
4-1	즐한	과제	뒤처지다	17	4-2	즐한	준비2	우편	25
4-1	즐한	과제	학교생활	17	4-2	즐한	준비2	진행(을) 하다	25
4-1	즐한	과제	배려(를) 하다	18	4-2	정한	문법2	면	19
4-1	즐한	과제	커뮤니티	19	4-2	정한	문법2	최선	19
4-1	즐한	과제	활동비	19	4-2	즐한	준비3	야간	26
4-1	즐한	과제	제출(을) 하다	19	4-2	즐한	준비3	점심시간	26

단원	구분	위치	어휘	쪽
4-2	정한	문법3	칼로리	20
4-2	즐한	과제	근무	27
4-2	즐한	과제	옆	27
4-2	즐한	과제	복리 후생	27
4-2	즐한	과제	어리다	27
4-2	즐한	과제	구인	28
4-2	즐한	과제	국적	29
4-2	즐한	과제	무관	29
4-2	정한	읽고 쓰기	아르바이트	21
4-2	정한	읽고 쓰기	독일어	21
4-2	정한	읽고 쓰기	노동	21
4-2	정한	읽고 쓰기	근로	21
4-2	정한	읽고 쓰기	알바	21
4-2	정한	읽고 쓰기	파트타임 (part time)	21
4-2	정한	읽고 쓰기	시급	21
4-2	정한	읽고 쓰기	알아보다	21
4-2	정한	읽고 쓰기	우대	22
4-3	정한	어휘	전시회	24
4-3	정한	어휘	운동회	24
4-3	정한	어휘	바자회	24
4-3	정한	어휘	입학식	24
4-3	정한	어휘	소질	24
4-3	정한	어휘	적성	24
4-3	정한	어휘	적응	24
4-3	정한	어휘	관계	25
4-3	정한	어휘	태도	25
4-3	정한	어휘	급식	25
4-3	정한	어휘	학습	25
4-3	정한	어휘	개인	25
4-3	정한	어휘	희망하다	25
4-3	정한	어휘	집중	25
4-3	즐한	준비1	강당	34
4-3	정한	문법1	연극	26
4-3	정한	문법1	아트 센터	26
4-3	정한	문법1	갈등	26
4-3	정한	문법1	아픔	26
4-3	정한	문법1	해학	26
4-3	정한	문법1	풍자	26
4-3	정한	문법1	소요	26
4-3	정한	문법1	티켓	26
4-3	즐한	준비2	부장님	35

단원	구분	위치	어휘	쪽
4-3	즐한	준비2	업무	35
4-3	즐한	준비2	지시	35
4-3	즐한	준비2	근무복	35
4-3	즐한	준비2	점장님	35
4-3	정한	문법2	그림책	27
4-3	즐한	준비3	부정적	36
4-3	즐한	준비3	긍정적	36
4-3	즐한	준비3	싫증	36
4-3	즐한	준비3	토픽(TOPIK)	36
4-3	즐한	준비3	간	36
4-3	즐한	준비3	솜씨	36
4-3	즐한	준비3	동작	36
4-3	즐한	준비3	한국 문화	36
4-3	정한	문법3	작가	28
4-3	정한	문법3	문학상	28
4-3	정한	문법3	모기	28
4-3	정한	문법3	쓸쓸하다	28
4-3	즐한	준비4	능력	37
4-3	즐한	준비4	풍부하다	37
4-3	즐한	준비4	트럼펫	37
4-3	정한	문법4	폭염	29
4-3	즐한	과제	합창반	38
4-3	즐한	과제	부분	38
4-3	즐한	과제	읽기	38
4-3	즐한	과제	적극적	39
4-3	즐한	과제	축구팀	39
4-3	즐한	과제	과학반	39
4-3	즐한	과제	교우	39
4-3	즐한	과제	긴장(을) 하다	40
4-3	즐한	과제	간단히	40
4-3	즐한	과제	이성	40
4-3	정한	읽고 쓰기	사춘기	30
4-3	정한	읽고 쓰기	학기	30
4-3	정한	읽고 쓰기	평소	30
4-3	정한	읽고 쓰기	개인적	30
4-3	정한	읽고 쓰기	특이점	30
4-3	정한	읽고 쓰기	문제점	30
4-3	정한	읽고 쓰기	면	30
4-3	정한	읽고 쓰기	구체적	30
4-3	정한	읽고 쓰기	파악(을) 하다	30
4-3	정한	읽고 쓰기	지도(를) 하다	30
4-3	정한	읽고 쓰기	집중(을) 하다	30

단원	구분	위치	어휘	쪽
4-5	정한	어휘	후회되다	41
4-5	정한	어휘	간절하다	41
4-5	정한	어휘	전형	41
4-5	정한	어휘	필기시험	41
4-5	즐한	준비1	걱정	56
4-5	즐한	준비1	고민	56
4-5	즐한	준비1	위로	56
4-5	즐한	준비1	실패(를) 하다	56
4-5	즐한	준비1	성공(을) 하다	56
4-5	즐한	준비1	정보	56
4-5	정한	문법1	엉망	42
4-5	즐한	준비2	조리사	57
4-5	즐한	준비2	급식실	57
4-5	즐한	준비2	면접시험	57
4-5	즐한	준비2	철저히	57
4-5	정한	문법2	메모(를) 하다	43
4-5	정한	문법2	발견(을) 하다	43
4-5	정한	문법2	나빠지다	43
4-5	정한	문법2	성수기	43
4-5	정한	문법2	예매(를) 하다	43
4-5	즐한	준비3	과식	58
4-5	즐한	준비3	인생	58
4-5	즐한	준비3	저축	58
4-5	즐한	준비3	장만하다	58
4-5	즐한	준비3	프러포즈	58
4-5	즐한	과제	포기(를) 하다	59
4-5	즐한	과제	예상	59
4-5	즐한	과제	덕분에	59
4-5	즐한	과제	인사과장	61
4-5	즐한	과제	참고(를) 하다	61
4-5	즐한	과제	대기실	61
4-5	즐한	과제	입실(을) 하다	61
4-5	즐한	과제	입실	61
4-5	즐한	과제	불가하다	61
4-5	즐한	과제	인사과	61
4-5	정한	읽고 쓰기	살아가다	45
4-5	정한	읽고 쓰기	잘못되다	45
4-6	정한	어휘	한국어능력시험	48
4-6	정한	어휘	국적 취득 시험	48
4-6	정한	어휘	귀화 시험	48
4-6	정한	어휘	입학시험	48
4-6	정한	어휘	대기업	48

단원	구분	위치	어휘	쪽
4-6	정한	어휘	입사 시험	48
4-6	정한	어휘	학점	49
4-6	정한	어휘	관리(를) 하다	49
4-6	정한	어휘	어학연수	49
4-6	정한	어휘	인맥	49
4-6	즐한	준비1	합격(을) 하다	66
4-6	정한	문법1	편찮다	50
4-6	정한	문법1	마라톤	50
4-6	즐한	준비2	방송	67
4-6	즐한	준비2	설명서	67
4-6	즐한	준비2	토픽 시험	67
4-6	정한	문법2	그대로	51
4-6	정한	문법2	경제	51
4-6	정한	문법2	심부름	51
4-6	정한	문법2	미루다	51
4-6	즐한	준비3	응원	68
4-6	즐한	준비3	인터뷰	68
4-6	즐한	과제	비결	69
4-6	즐한	과제	평가(를) 하다	69
4-6	즐한	과제	대단하다	69
4-6	즐한	과제	별말씀	69
4-6	즐한	과제	계획(을) 세우다	69
4-6	즐한	과제	비법	70
4-6	즐한	과제	꾸준히	70
4-6	즐한	과제	스펙	70
4-6	즐한	과제	그룹	70
4-6	즐한	과제	스터디	70
4-6	즐한	과제	운	70
4-6	즐한	과제	복지	71
4-6	즐한	과제	차별	71
4-6	즐한	과제	이직(을) 하다	71
4-6	정한	읽고 쓰기	여기다	53
4-6	정한	읽고 쓰기	안정성	53
4-6	정한	읽고 쓰기	소득	53
4-6	정한	읽고 쓰기	가능성	53
4-6	정한	읽고 쓰기	비전	53
4-6	정한	읽고 쓰기	흥미	53
4-6	정한	읽고 쓰기	명예	53
4-6	정한	읽고 쓰기	중고생	53
4-6	정한	읽고 쓰기	차지(를) 하다	53
4-6	정한	읽고 쓰기	재미	53
4-6	정한	읽고 쓰기	충족되다	53

단원	구분	위치	어휘	쪽
4-6	정한	읽고 쓰기	월등히	53
4-6	정한	읽고 쓰기	사회적	53
4-6	정한	읽고 쓰기	인정	53
4-6	정한	읽고 쓰기	생계	53
4-6	정한	읽고 쓰기	평생	53
4-7	정한	어휘	체온	56
4-7	정한	어휘	밴드	56
4-7	정한	어휘	링거	56
4-7	정한	어휘	수액	56
4-7	정한	어휘	지혈	56
4-7	정한	어휘	재다	56
4-7	정한	어휘	치통	57
4-7	정한	어휘	염증	57
4-7	정한	어휘	복통	57
4-7	정한	어휘	두통	57
4-7	정한	어휘	진통제	57
4-7	정한	어휘	소화제	57
4-7	정한	어휘	항생제	57
4-7	정한	어휘	해열제	57
4-7	정한	어휘	통증	57
4-7	정한	어휘	고열	57
4-7	정한	어휘	상처	57
4-7	정한	어휘	부위	57
4-7	정한	어휘	소독(을) 하다	57
4-7	정한	문법2	행위	59
4-7	즐한	준비3	정상	78
4-7	즐한	준비3	수술	78
4-7	즐한	준비3	원인	78
4-7	즐한	준비3	노력(을) 하다	78
4-7	즐한	준비3	성공적	78
4-7	즐한	준비3	퇴원	78
4-7	즐한	과제	응급실	79
4-7	즐한	과제	다행히	79
4-7	즐한	과제	다행이다	79
4-7	즐한	과제	시도(를) 하다	80
4-7	즐한	과제	폐렴	80
4-7	즐한	과제	토(를) 하다	80
4-7	즐한	과제	장염	80
4-7	즐한	과제	엑스레이	80
4-7	즐한	과제	다운로드	81
4-7	즐한	과제	검색	81
4-7	즐한	과제	검색(을) 하다	81

단원	구분	위치	어휘	쪽
4-7	즐한	과제	출처	81
4-7	정한	읽고 쓰기	응급	61
4-7	정한	읽고 쓰기	대비(를) 하다	61
4-7	정한	읽고 쓰기	수건	61
4-7	정한	읽고 쓰기	거즈	61
4-7	정한	읽고 쓰기	출혈	61
4-7	정한	읽고 쓰기	수돗물	61
4-7	정한	읽고 쓰기	생수	61
4-7	정한	읽고 쓰기	주의(를) 하다	61
4-7	정한	읽고 쓰기	가루	61
4-7	정한	읽고 쓰기	심장	61
4-7	정한	읽고 쓰기	접수표	62
4-7	정한	읽고 쓰기	보호자	62
4-7	정한	읽고 쓰기	주민 등록 번호	62
4-7	정한	읽고 쓰기	골절	62
4-8	정한	어휘	떼다	64
4-8	정한	어휘	가족관계증명서	64
4-8	정한	어휘	혼인관계증명서	64
4-8	정한	어휘	양육	64
4-8	정한	어휘	수당	64
4-8	정한	어휘	출생증명서	65
4-8	정한	어휘	과태료	65
4-8	정한	어휘	출생 신고	65
4-8	정한	어휘	발급하다	65
4-8	정한	어휘	신분증	65
4-8	정한	어휘	아이행복카드	65
4-8	정한	어휘	혜택	65
4-8	정한	어휘	장려금	65
4-8	즐한	준비1	유아용품	86
4-8	즐한	준비1	도서	86
4-8	즐한	준비1	주민	86
4-8	즐한	준비1	의견	86
4-8	즐한	준비1	변경되다	86
4-8	즐한	준비1	차이	86
4-8	즐한	준비1	계절	86
4-8	즐한	준비1	배추김치	86
4-8	정한	문법1	옷차림	66
4-8	정한	문법1	지방	66
4-8	즐한	준비2	출생	87
4-8	즐한	준비2	행복	87
4-8	즐한	준비2	주제	87
4-8	즐한	준비2	선정	87

단원	구분	위치	어휘	쪽
4-9	즐한	준비3	좋아지다	98
4-9	즐한	준비3	효과	98
4-9	즐한	준비3	승진하다	98
4-9	정한	문법3	유지되다	94
4-9	정한	문법3	경제적	94
4-9	정한	문법3	해결되다	94
4-9	즐한	과제	째	99
4-9	즐한	과제	입금하다	99
4-9	즐한	과제	휴식	100
4-9	즐한	과제	교대	100
4-9	즐한	과제	조정하다	100
4-9	즐한	과제	이행하다	100
4-9	즐한	과제	양해하다	100
4-9	즐한	과제	고용노동부	101
4-9	즐한	과제	노동법	101
4-9	정한	읽고 쓰기	진정	95
4-9	정한	읽고 쓰기	입사일	95
4-9	정한	읽고 쓰기	퇴사일	95
4-9	정한	읽고 쓰기	총액	95
4-9	정한	읽고 쓰기	서면	95
4-9	정한	읽고 쓰기	구두	95
4-9	정한	읽고 쓰기	건의하다	96
4-10	정한	어휘	신나다	98
4-10	정한	어휘	화	99
4-10	정한	어휘	실망하다	99
4-10	정한	어휘	짜증나다	99
4-10	정한	어휘	당황스럽다	99
4-10	정한	어휘	밀치다	99
4-10	정한	어휘	제대로	99
4-10	정한	어휘	밤새	99
4-10	정한	어휘	거짓말	99
4-10	즐한	준비1	빨래통	106
4-10	즐한	준비1	이웃집	106
4-10	정한	문법1	소중하다	100
4-10	즐한	준비2	외식	107
4-10	즐한	준비2	과식(을) 하다	107
4-10	즐한	준비2	맞추다	107
4-10	정한	문법2	결국	101
4-10	정한	문법2	애인	101
4-10	정한	문법2	일교차	101
4-10	정한	문법2	화장지	101
4-10	정한	문법2	쏟다	101

단원	구분	위치	어휘	쪽
4-10	즐한	준비3	망가지다	108
4-10	즐한	과제	요	109
4-10	즐한	과제	싸우다	109
4-10	즐한	과제	심지어	109
4-10	즐한	과제	다투다	109
4-10	즐한	과제	터놓다	110
4-10	즐한	과제	솔직히	110
4-10	즐한	과제	어이	110
4-10	정한	읽고 쓰기	출입국	103
4-10	정한	읽고 쓰기	체류	103
4-10	정한	읽고 쓰기	투자	103
4-10	정한	읽고 쓰기	팩스	103
4-10	정한	읽고 쓰기	타이어	103
4-10	정한	읽고 쓰기	몽골어	103
4-10	정한	읽고 쓰기	인니어	103
4-10	정한	읽고 쓰기	벵골어	103
4-10	정한	읽고 쓰기	우르두어	103
4-10	정한	읽고 쓰기	파키스탄	103
4-10	정한	읽고 쓰기	네팔어	103
4-10	정한	읽고 쓰기	크메르어	103
4-10	정한	읽고 쓰기	미얀마어	103
4-10	정한	읽고 쓰기	독일어	103
4-10	정한	읽고 쓰기	스페인어	103
4-10	정한	읽고 쓰기	타갈로그어	103
4-10	정한	읽고 쓰기	아랍어	103
4-10	정한	읽고 쓰기	싱할라어	103
4-10	정한	읽고 쓰기	스리랑카	103
4-10	정한	읽고 쓰기	결혼 이민자	103
4-10	정한	읽고 쓰기	체류 외국인	103
4-10	정한	읽고 쓰기	출입국 업무	103
4-10	정한	읽고 쓰기	비자 업무	103
4-10	정한	읽고 쓰기	국내 생활	103
4-10	정한	읽고 쓰기	전반적	103
4-10	정한	읽고 쓰기	상담 서비스	103
4-10	정한	읽고 쓰기	맞춤형	103
4-10	정한	읽고 쓰기	출신	103
4-10	정한	읽고 쓰기	상담원	103
4-10	정한	읽고 쓰기	멘토	103
4-10	정한	읽고 쓰기	지정	103
4-10	정한	읽고 쓰기	이하	103
4-10	정한	읽고 쓰기	유학생	103
4-10	정한	읽고 쓰기	연장하다	103

단원	구분	위치	어휘	쪽
4-12	정한	어휘	자	114
4-12	정한	어휘	컴퍼스	114
4-12	정한	어휘	크레파스	114
4-12	정한	어휘	수학	114
4-12	정한	어휘	국어	114
4-12	정한	어휘	체육	114
4-12	정한	어휘	도덕	114
4-12	정한	어휘	과학	114
4-12	정한	어휘	미술	114
4-12	정한	어휘	학예회	115
4-12	정한	어휘	수업(을) 하다	115
4-12	정한	어휘	각	115
4-12	정한	어휘	장기	115
4-12	정한	어휘	재능	115
4-12	정한	어휘	합창단	115
4-12	정한	어휘	고학년	115
4-12	정한	어휘	저학년	115
4-12	정한	어휘	개최하다	115
4-12	정한	어휘	종목	115
4-12	정한	어휘	턱걸이	115
4-12	정한	어휘	높이뛰기	115
4-12	정한	어휘	피구	115
4-12	정한	어휘	발야구	115
4-12	정한	어휘	자연	115
4-12	정한	어휘	회신하다	115
4-12	정한	어휘	수련원	115
4-12	정한	어휘	계좌 이체	115
4-12	즐한	준비1	퇴근길	126
4-12	정한	문법1	소나기	116
4-12	정한	문법1	조퇴(를) 하다	116
4-12	정한	문법1	면담	116
4-12	즐한	준비2	주방장	127
4-12	즐한	준비2	경기	127
4-12	즐한	준비2	올겨울	127
4-12	즐한	준비2	중순	127
4-12	정한	문법2	채식주의자	117
4-12	정한	문법2	검은색	117
4-12	즐한	준비3	여유	128
4-12	정한	문법3	훈련(을) 하다	118
4-12	정한	문법3	유학	118
4-12	정한	문법3	토론	118
4-12	정한	문법3	도지사	118

단원	구분	위치	어휘	쪽
4-12	정한	문법3	이주	118
4-12	정한	문법3	개선하다	118
4-12	정한	문법3	복권	118
4-12	정한	문법3	당첨되다	118
4-12	정한	문법3	입사(를) 하다	118
4-12	정한	문법3	교류	118
4-12	즐한	과제	가정 통신문	129
4-12	즐한	과제	표시(를) 하다	129
4-12	즐한	과제	사인(을) 하다	129
4-12	즐한	과제	절취선	129
4-12	즐한	과제	불참	129
4-12	즐한	과제	모닥불	130
4-12	즐한	과제	스케줄	131
4-12	즐한	과제	재롱	131
4-12	정한	읽고 쓰기	무제	119
4-12	정한	읽고 쓰기	희망자	119
4-12	정한	읽고 쓰기	초	119
4-12	정한	읽고 쓰기	사인	119
4-12	정한	읽고 쓰기	정서적	120
4-12	정한	읽고 쓰기	주의	120
4-12	정한	읽고 쓰기	산만하다	120
4-12	정한	읽고 쓰기	인사성	120
4-12	정한	읽고 쓰기	사회성	120
4-12	정한	읽고 쓰기	자기중심적	120
4-12	정한	읽고 쓰기	사교적	120
4-12	정한	읽고 쓰기	소극적	120
4-12	정한	읽고 쓰기	외향적	120
4-12	정한	읽고 쓰기	내성적	120
4-12	정한	읽고 쓰기	자신감	120
4-12	정한	읽고 쓰기	우정	120
4-12	정한	읽고 쓰기	유형	120
4-13	정한	어휘	교시	122
4-13	정한	어휘	늦잠	122
4-13	정한	어휘	대표	122
4-13	정한	어휘	최고	123
4-13	정한	어휘	훌륭하다	123
4-13	정한	어휘	동화책	123
4-13	정한	어휘	꼴등	123
4-13	정한	어휘	과목	123
4-13	정한	어휘	설거지	123
4-13	정한	문법1	화가	124
4-13	즐한	준비3	칭찬(을) 하다	138

단원	구분	위치	어휘	쪽
4-15	즐한	과제	마케팅	162
4-15	즐한	과제	두루	162
4-15	즐한	과제	활용되다	162
4-15	즐한	과제	심리	162
4-15	즐한	과제	작용하다	162
4-15	즐한	과제	착안하다	162
4-15	즐한	과제	펼치다	162
4-15	즐한	과제	관람객	162
4-15	즐한	과제	첫눈	162
4-15	즐한	과제	평균	162
4-15	즐한	과제	통화량	162
4-15	즐한	과제	통신사	162
4-15	즐한	과제	추첨(을) 하다	162
4-15	즐한	과제	상품권	162
4-15	즐한	과제	신규	162
4-15	즐한	과제	매장	162
4-15	즐한	과제	유도	162
4-15	즐한	과제	기업	162
4-15	즐한	과제	생산	162
4-15	즐한	과제	수익	162
4-15	즐한	과제	활용(을) 하다	162
4-15	정한	읽고 쓰기	기후	144
4-15	정한	읽고 쓰기	앓다	144
4-15	정한	읽고 쓰기	석유	144
4-15	정한	읽고 쓰기	석탄	144
4-15	정한	읽고 쓰기	화석	144
4-15	정한	읽고 쓰기	연료	144
4-15	정한	읽고 쓰기	그린란드	144
4-15	정한	읽고 쓰기	빙하	144
4-15	정한	읽고 쓰기	해수면	144
4-15	정한	읽고 쓰기	몰디브	144
4-15	정한	읽고 쓰기	바닷속	144
4-15	정한	읽고 쓰기	가라앉다	144
4-15	정한	읽고 쓰기	아프리카	144
4-15	정한	읽고 쓰기	중서부	144
4-15	정한	읽고 쓰기	증발하다	144
4-15	정한	읽고 쓰기	면적	144
4-15	정한	읽고 쓰기	불과하다	144
4-15	정한	읽고 쓰기	만년설	144
4-15	정한	읽고 쓰기	피해	145
4-15	정한	읽고 쓰기	대처	145
4-16	정한	어휘	쏜살같이	146

단원	구분	위치	어휘	쪽
4-16	정한	어휘	엊그제	146
4-16	정한	어휘	막상	146
4-16	정한	어휘	당시	146
4-16	정한	어휘	불안하다	146
4-16	정한	어휘	어색하다	146
4-16	정한	어휘	느긋하다	146
4-16	정한	어휘	정반대	146
4-16	정한	어휘	정들다	147
4-16	정한	어휘	익히다	147
4-16	정한	어휘	선배	147
4-16	정한	어휘	부장	147
4-16	정한	어휘	축하	147
4-16	즐한	준비1	부쩍	168
4-16	즐한	준비1	우왕좌왕하다	168
4-16	정한	문법2	고기국수	149
4-16	즐한	준비3	높임말	170
4-16	즐한	준비3	인사말	170
4-16	즐한	준비3	친근하다	170
4-16	정한	문법3	충동구매	150
4-16	즐한	과제	수료	171
4-16	즐한	과제	습기	172
4-16	즐한	과제	무덥다	172
4-16	즐한	과제	주름	173
4-16	즐한	과제	충격	173
4-16	즐한	과제	원어민	173
4-16	즐한	과제	사고방식	173
4-16	즐한	과제	습득	173
4-16	즐한	과제	지름길	173
4-16	정한	읽고 쓰기	강산	151
4-16	정한	읽고 쓰기	발달	151
4-16	정한	읽고 쓰기	수도권	151
4-16	정한	읽고 쓰기	형성되다	151
4-16	정한	읽고 쓰기	도시화	151
4-16	정한	읽고 쓰기	조선	151
4-16	정한	읽고 쓰기	시대	151
4-16	정한	읽고 쓰기	사대문	151
4-16	정한	읽고 쓰기	동대문	151
4-16	정한	읽고 쓰기	서대문	151
4-16	정한	읽고 쓰기	남대문	151
4-16	정한	읽고 쓰기	북대문	151
4-16	정한	읽고 쓰기	산업화	151
4-16	정한	읽고 쓰기	유입되다	151

단원	구분	위치	어휘	쪽
4-16	정한	읽고 쓰기	편입하다	151
4-16	정한	읽고 쓰기	농업	151
4-16	정한	읽고 쓰기	대규모	151
4-16	정한	읽고 쓰기	단지	151
4-16	정한	읽고 쓰기	건설되다	151
4-16	정한	읽고 쓰기	곧다	151
4-16	정한	읽고 쓰기	확장	151
4-16	정한	읽고 쓰기	건축	151

담당 연구원

정혜선 국립국어원 학예연구사
박지수 국립국어원 연구원

집필진

내용 집필

이선웅 경희대 한국어학과 교수
이 향 한국조지메이슨대 현대및고전언어과 조교수
정미지 서울시립대 국제교육원 한국어학당 책임강사
현윤호 경희대 문화예술법연구센터 연구팀장
김유미 경희대 언어교육원 교수
박수연 조선대 언어교육원 교육부장
이영희 숙명여대 한국어문학부 초빙대우교수
이윤진 안양대 교육대학원 외국어로서의 한국어교육 전공 조교수
이정화 서울대 언어교육원 한국어교육센터 대우조교수

내용 검토

박미정 건양사이버대 다문화한국어학과 조교수
김정남 경희대 한국어학과 교수
김현주 용인시 다문화가족지원센터 한국어 강사
박동호 경희대 한국어학과 교수
박시균 군산대 국어국문학과 교수
양명희 중앙대 국어국문학과 교수
오경숙 서강대 전인교육원 조교수
홍윤기 경희대 국제교육원 교수

연구 보조원

박서향 경희대 언어교육원 한국어교육부 주임강사
성아영 전 경희대 언어교육원 한국어 강사
이 경 전 경희대 언어교육원 한국어 강사
이채원 순천향대 한국어교육원 강사
김경은 전 경희대 언어교육원 한국어 강사
김보현 중앙대 언어교육원 한국어 강사
박경희 평택대 국제처 한국어교육센터 강사
박기표 전 베트남 한국문화원 세종학당 파견교원
박정아 경희대 교육실습센터 한국어 강사

박혜연 아주대 국제교육센터 한국어 강사
윤권하 전 경희대 언어교육원 한국어 강사
윤희수 평택대 국제처 한국어교육센터 강사
이정선 경희대 국제한국언어문화학과 석사과정 수료
조연아 경희대 국제한국언어문화학과 석사과정 수료
최은하 군산대 국제교류교육원 언어교육센터 한국어 강사
탁진영 경희대 국제교육원 한국어 강사
황지영 한신대 국제교류원 한국어 강사

다문화가정과 함께하는

즐거운 한국어 중급 2

1판 1쇄 2019년 2월 13일
1판 4쇄 2022년 4월 11일

기획·개발 국립국어원
펴낸이 박민우
기획팀 송인성, 김선명, 박종인, 김선호
편집팀 박우진, 김영주, 김정아, 최미라, 전혜련
관리팀 임선희, 정철호, 김성언, 권주련
펴낸곳 (주)도서출판 하우

주소 서울시 중랑구 망우로68길 48
전화 (02)922-7090
팩스 (02)922-7092
홈페이지 http://www.hawoo.co.kr
e-mail hawoo@hawoo.co.kr
등록번호 제475호

값 10,000원
ISBN 979-11-88568-55-0 14710
ISBN 979-11-88568-51-2 14710 (set)